Lösungen zu

Das ist Mathematik 1

Lehrbuch und Aufgabensammlung
für die 1. Klasse
der allgemein bildenden höheren Schulen und der Hauptschulen

Univ.-Prof. Mag. Dr. Hans Humenberger
Hofrat Mag. Dr. Dieter Litschauer
OStR Prof. Mag. Herbert Groß
LSI Prof. Mag. Vera Aue

Themenseiten nach Vorlage von
Ao. Univ.-Prof. Dr. Rudolf Taschner

Unter Mitarbeit von
Ao. Univ.-Prof. Mag. Dr. Stefan Götz

Zusammengestellt von
Mag. Richard Broneder
Mag. Thomas Payer

www.oebv.at

Hinweise für den Gebrauch des Lösungshefts

Das Lösungsheft ist zur **Kontrolle** und nicht zum Abschreiben gedacht. Arbeite deshalb ehrlich, löse jede Aufgabe selbständig und kontrolliere erst dann die Ergebnisse!

Die mit **K** bezeichneten Lösungen sind **Kontrolllösungen** und betreffen zB Konstruktionsaufgaben, die durch Messung der angeführten Längen bzw. Winkel kontrolliert werden können. Deine Messergebnisse können in der letzten Ziffer von den angegebenen Lösungen abweichen.

Die **Figuren** im Lösungsheft sind zum Teil **verkleinert** dargestellt. Es können daher im Allgemeinen keine Längen aus den Figuren entnommen werden.

Für manche Fragen werden aufgrund der Aufgabenstellung nur **Lösungsvorschläge** gemacht, die mit „**zB**" eingeleitet werden. Wenn **Überschlagsrechnungen** angegeben werden, sind diese ebenfalls nur beispielhaft zu verstehen, da im Allgemeinen unterschiedliche Rundungen möglich sind.

Manche Ergebnisse sind aufgrund der gegebenen Größen bzw. des Sachverhalts sinnvoll gerundet angegeben. Zum Vergleich sind dann die ungerundeten Zahlenwerte in Klammern angegeben. „..." hinter der letzten Ziffer bedeutet, dass die weiteren Kommastellen das gerundete Ergebnis nicht mehr beeinflussen. Ob bei Zwischenergebnissen sinnvollerweise gerundete oder ungerundete Werte weiterverwendet werden, hängt von der Aufgabenstellung ab. Daher sind jene Werte, mit denen weitergerechnet wurde, unterstrichen.

Dieses Lösungsheft wurde mit großer Sorgfalt erstellt. Sollten trotzdem Fehler passiert sein, so bitten wir, dies dem Verlag Österreichischer Bundesverlag Schulbuch GmbH & Co. KG, E-Mail: ahs@oebv.at) mitzuteilen. Auch Wünsche und Anregungen werden gerne entgegengenommen.

Viel Freude und Erfolg mit deiner Mathematikarbeit!

1 zB:

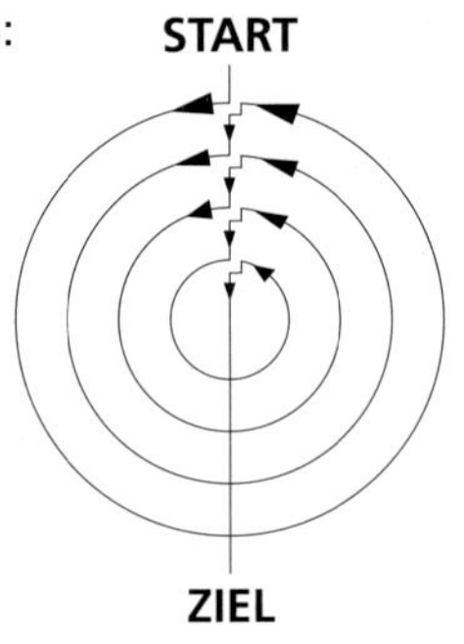

2 12 111

3 Monika ist 200 m von ihrem Ausgangspunkt entfernt.

4

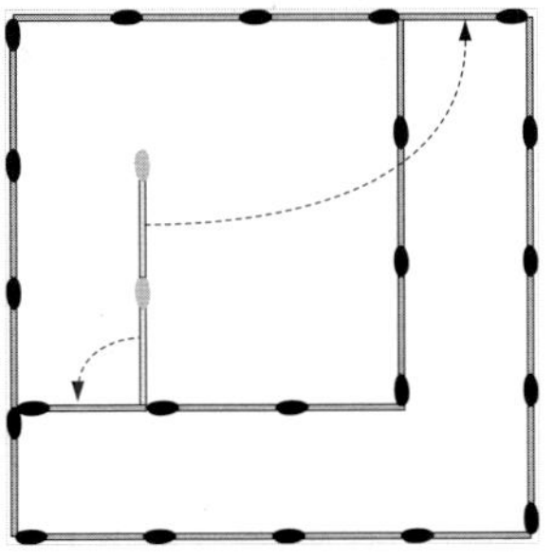

5 zB:

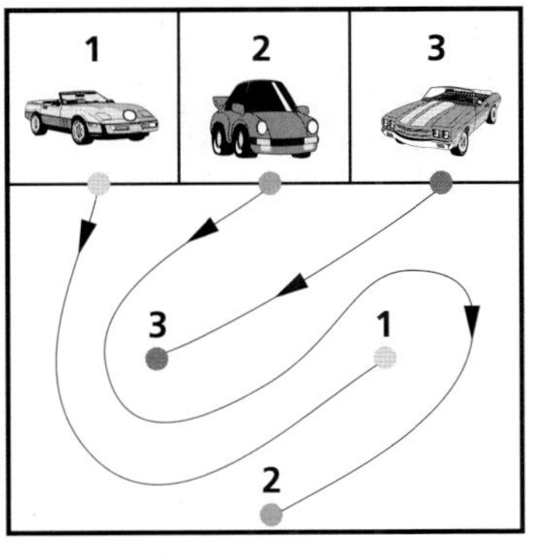

6 zB: Aus dem 4-Liter-Gefäß gießt man 1 Liter in das 1-Liter-Gefäß.
Aus dem 1-Liter-Gefäß gießt man 1 Liter in das 3-Liter-Gefäß.
Aus dem 4-Liter-Gefäß gießt man 1 Liter in das 1-Liter-Gefäß.
Aus dem 1-Liter-Gefäß gießt man 1 Liter in das 3-Liter-Gefäß.

7 Die Allee hat 42 Bäume.

8 909

9 1 und 10

10 Die Kängurufamilie hat 7 Mitglieder.

11 6 Orangen sind gleich schwer wie eine Melone.

12

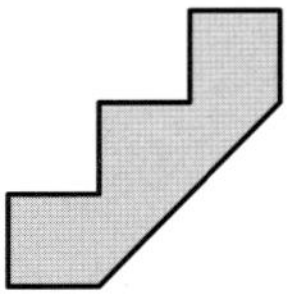

13 Opa hat 8 Enkel.

14 Die Nase ist 384 cm lang.

15 Cynthia sitzt bei 45.

16

Beispiel	a)	b)	c)	d)	e)	
283	187	462	788	509	632	
296	200	475	801	522	645	+ 13
242	146	421	747	468	591	− 54

17

Beispiel	a)	b)	c)	d)	e)	
156	68	172	344	768	562	
468	204	516	1 032	2 304	1 686	· 3
234	102	258	516	1 152	843	: 2

18

Beispiel	a)	b)	c)	d)	e)	
32	83	66	147	208	341	
79	130	113	194	255	388	+ 47
474	780	678	1 164	1 530	2 328	· 6
427	733	631	1 117	1 483	2 281	− 47

19 a) 483 b) 1 726 c) 483 d) 4 327

20 a) 27 b) 1 278 c) 299 d) 662

21 a) 952 c) 4 453 e) 833 g) 18 768
b) 3 196 d) 1 178 f) 4 018 h) 14 076

22 a) 12 c) 21 e) 45 g) 75
b) 45 d) 46 f) 39 h) 93

23
1) Fritz hat 65 Kugeln.
2) Doris hat 90 Kugeln.
3) Doris hat die meisten Kugeln.
4) Im Korb sind 202 Kugeln.

24 Michael geht mit seinem Vater zum Fußballplatz. Der Eintrittspreis beträgt 14 € für Erwachsene und 7 € für Kinder und Jugendliche bis 18 Jahre.
Wie viel € muss der Vater für beide an der Kassa bezahlen?
Antwort: Michaels Vater muss 21 € bezahlen.

25

980 l · 2	1 960 l	6 120 l	Dem Weinbauern verbleiben
1 960 l	+ 508 l	– 3 344 l	2 776 Liter Wein.
	+ 876 l	2 776 l	
	3 344 l		

26

203 322 LKW	203 322 LKW	Im Jahr 1937 gab es 15 051 LKW.
– 188 271 LKW	+ 135 566 LKW	Im Jahr 1998 gab es 338 888 LKW.
15 051 LKW	338 888 LKW	

27

20 113 km	296 km : 2 = 148 km
– 19 817 km	
296 km	

Die Länge der Strecke Klagenfurt – Lienz beträgt 148 km.

28

1)

2 848 km	Die Wolga ist	2 848 km	Der Rhein ist
+ 683 km	3 531 km lang.	– 1 528 km	1 320 km lang.
3 531 km		1 320 km	

2)

3 531 km	Die Wolga ist um 2 211 km länger als der Rhein.
– 1 320 km	
2 211 km	

29

174 812 Ö	370 700 Ö
+ 32 822 Ö	– 256 834 Ö
+ 17 500 Ö	113 866 Ö
+ 16 000 Ö	
+ 15 700 Ö	
256 834 Ö	

In den übrigen Ländern leben 113 866 Österreicherinnen und Österreicher.

30

1 587 m	1 060 m : 2 = 530 m	527 m	Der Bauernhof befindet sich
– 527 m		+ 530 m	in 1 057 m Seehöhe.
1 060 m		1 057 m	

31

1)

4 807 m	Der Großglockner	3 798 m	Der Mount Everest
– 1 009 m	ist 3 798 m hoch.	+ 5 052 m	ist 8 850 m hoch.
3 798 m		8 850 m	

2)

8 850 m	Der Mount Everest ist um 4 043 m höher als der Mont Blanc.
– 4 807 m	
4 043 m	

32

838 800 l : 15 = 55 920 l
990 840 l : 23 = 43 080 l
Die Kaiserbrunnquelle ist mit 55 920 Liter pro Minute ergiebiger.

33 a) 2 € 50 c b) 4 € 5 c c) 11 € d) 30 € 25 c

34 a) 175 c b) 970 c c) 509 c d) 1 550 c

35 a) 6 € 30 c b) 4 € 35 c c) 1 € 1 c d) 71 c

36
a) 90 mm, 350 mm, 7 080 mm, 150 mm, 1 405 mm
b) 7 cm, 40 cm, 505 cm, 24 cm, 132 cm
c) 60 dm, 15 dm, 68 dm, 123 dm, 95 dm
d) 6 m, 8 m, 91 m, 21 m, 11 m

37
a) 1 m 1 dm 5 cm
b) 5 m 4 dm
c) 7 cm 5 mm
d) 2 dm 3 cm 5 mm
e) 3 m 2 dm
f) 6 m 8 dm
g) 1 km 490 m
h) 2 km 8 m

38
a) 1 350 m b) 5 045 m c) 3 008 m d) 10 010 m

39
a) 3 000 g, 2 150 g, 753 g, 980 g, 1 008 g
b) 800 dag, 1 205 dag, 816 dag, 150 dag, 5 600 dag
c) 9 000 kg, 25 kg, 98 kg, 1 056 kg, 7 009 kg

40
a) 21 dag 5 g
b) 2 kg 30 dag 3 g
c) 1 kg 76 dag
d) 10 kg 65 dag
e) 2 t 350 kg
f) 9 t 9 kg

41
a) 20 cm, 40 mm, 150 cm, 7 000 m, 2 850 mm, 2 030 dm
b) 80 g, 550 g, 1 200 dag, 3 000 kg, 6 540 g, 20 500 dag

42
a) 26, 38, 52, 65, 80
b) 178, 203, 257, 670
c) 872, 1 008, 1 061, 1 605
d) 24, 39, 54, 69
e) 154, 190, 292, 249
f) 77, 66, 53, 28, 144
g) 806, 220, 367, 96
h) 1 761, 1 666, 2 011, 690
i) 79, 94, 99, 159
j) 455, 994, 1 974, 1 444

43
a) 1) 1459–1519 2) 60 Jahre = LX Jahre
3) deutscher Kaiser, genannt der „letzte Ritter"
b) 1) 1492–1559 2) 67 Jahre = LXVII Jahre
3) schrieb das erste Rechenbuch in deutscher Sprache
c) 1) 1843–1914 2) 71 Jahre = LXXI Jahre
3) österreichische Nobelpreisträgerin
d) 1) 1663–1736 2) 73 Jahre = LXXIII Jahre
3) österreichischer Feldherr und Kunstmäzen
e) 1) 1801–1862 2) 61 Jahre = LXI Jahre
3) österreichischer Komödiendichter und Schauspieler
f) 1) 1717–1780 2) 63 Jahre = LXIII Jahre
3) Erzherzogin von Österreich
g) 1) 1878–1968 2) 90 Jahre = XC Jahre
3) österreichische Atomphysikerin

44
a) richtig: 1507, falsch: CLIV = 154, falsch: CMXCI = 991
b) richtig: 1993, falsch MXXI = 1021, falsch: XCII = 92

45
1) 786, 1942, 491 2) 3219 = MMMCCXIX

46
399 = CCCXCIX 997 = CMXCVII
444 = CDXLIV 1746 = MDCCXLVI
819 = DCCCXIX 2609 = MMDCIX

47 a) XIX, XLV, XLIX, XCVIII, CI
b) CCXLVIII, CDXIX, CMIX, CMXCIX
c) MI, MCIX, MDCCCXLVIII, MMCDXLI
d) MXCIV, MCMXCVI, MMDXLIX, MMMCMVIII
e) zB: 2008…MMVIII
f) zB: 16. 4. 1997… XVI. IV. MCMXCVII

48 CCC = 300, CCXCIX = 299
DL = 550, DXLIX = 549
MDCCX = 1710, MDCCIX = 1709

49 CLXXIX = 179, CLXXXII = 182
DCCXC = 790, DCCXCIII = 793
MCLXXI = 1171, MCLXXIV = 1174

50 a) 1 M 3 ZT 4 T
b) 7 ZM 6 M 5 ZT 1 T 6 H
c) 7 M 2 HT 4 H 3 Z 8 E
d) 3 Md 2 HM 7 M 8 HT 9 ZT 6 T
e) 1 HMd 2 ZMd 3 Md 5 HM 9 ZM
f) 3 B 2 HMd 6 ZMd 8 HM 4 M

51 a) 4 703 208
b) 68 500 307
c) 80 010 060
d) 320 050 090
e) 203 700 300
f) 85 000 046

52 a) 2 803 405 009
b) 30 050 080 060
c) 802 900 701 904
d) 5 030 400 005 000
e) 40 050 060 020
f) 2 003 400 003

53 a) $4792 = 4 \cdot 1000 + 7 \cdot 100 + 9 \cdot 10 + 2 \cdot 1$
b) $23185 = 2 \cdot 10000 + 3 \cdot 1000 + 1 \cdot 100 + 8 \cdot 10 + 5 \cdot 1$
c) $4076 = 4 \cdot 1000 + 7 \cdot 10 + 6 \cdot 1$
d) $73640 = 7 \cdot 10000 + 3 \cdot 1000 + 6 \cdot 100 + 4 \cdot 10$
e) $87008200 = 8 \cdot 10000000 + 7 \cdot 1000000 + 8 \cdot 1000 + 2 \cdot 100$

54 a) 500 279 b) 6 030 020 c) 830 240 d) 3 705 000

55 a) 210 Z b) 490 Z c) 7 300 Z d) 508 000 Z

56 a) 500 H b) 9 000 H c) 340 T d) 4 080 T

57 a) nein, 50 200
b) nein, 802 400
c) nein, 3 000 500
d) ja

58 1 843 625

59 The 8 stands for 8 000,
the 6 stands for 60,
the 7 stands for 70 000,
the 9 stands for 900.

60 …, 1 is worth 100, 2 is worth 20, 7 is worth 7.

61 a) 6 509 060 000
b) 19 013 000 404
c) 700 000 305
d) 313 033 000 303

62 a) 482 000, 197, 13, 22 000 000
b) 12 000, 8 000 000, 15 000, 354

63 a) 50 284 030 b) 502 840 300 c) 50 280 403 d) 502 008 403

64 a) 130 cm = 1 m 30 cm b) 1 300 cm = 13 m c) 1 300 000 cm = 13 km

65 Nein, da 1 Milliarde Minuten etwa 700 000 Tagen (= $1400 \cdot 500$) entsprechen und das sind rund 2 000 Jahre.

In den folgenden Aufgaben wird das Wort „Rundungsfehler" durch „Rf." abgekürzt.

66 a) 80 m, Rf.: 4 m c) 610 m, Rf.: 5 m e) 21 920 m, Rf.: 4 m g) 0 m, Rf.: 4 m
b) 320 m, Rf.: 2 m d) 8 650 m, Rf.: 5 m f) 10 m, Rf.: 3 m

67 a) 200 km, Rf.: 13 km d) 123 800 km, Rf.: 50 km f) 100 km, Rf.: 13 km
b) 700 km, Rf.: 42 km e) 17 200 km, Rf.: 49 km g) 0 km, Rf.: 48 km
c) 5 200 km, Rf.: 15 km

68 a) 3 000, Rf.: 261 c) 25 000, Rf.: 336 e) 30 000, Rf.: 183 g) 1 000, Rf.: 499
b) 6 000, Rf.: 193 d) 39 000, Rf.: 482 f) 0, Rf.: 499

69

Zahl gerundet auf	1) T	2) ZT	3) HT	4) M
a)	6 528 000	6 530 000	6 500 000	7 000 000
Rf.	35	1 965	28 035	471 965
b)	525 000	520 000	500 000	1 000 000
Rf.	362	4 638	24 638	475 362
c)	909 000	910 000	900 000	1 000 000
Rf.	285	1 285	8 715	91 285
d)	39 000	40 000	0	0
Rf.	483	1 483	38 517	38 517
e)	805 000	810 000	800 000	1 000 000
Rf.	30	4 970	5 030	194 970

70 619 000 falsch, auf T gerundet.
610 000 falsch, auf ZT abgerundet.
620 000 richtig.

71 a) auf T b) auf HT c) auf ZT

72 1) Caroline hat auf T gerundet.
2) Für Hochkönig (≈ 2 900 m) und Rauriser Sonnblick (≈ 3 100 m) stimmt Carolines Behauptung nicht mehr.

73 Beim Geburtsjahr und bei der Sparbuchnummer ist es sinnlos zu runden.

74 a) 55, 64 c) 895, 904 e) 4 995, 5 004
b) 315, 324 d) 1 565, 1 574 f) 4 395, 4 404

75 a) 34 500, 35 499 c) 146 500, 147 499 e) 5 999 500, 6 000 499
b) 68 500, 69 499 d) 881 500, 882 499

76 a) auf T, ≈ 13 000 km b) auf T, ≈ 40 000 km

77 1)

Entfernungen in km auf Z gerundet	Bregenz	Eisenstadt	Graz	Innsbruck	Klagenfurt	Linz	Salzburg	St. Pölten	Wien
Bregenz		720	650	200	530	490	370	600	670
Eisenstadt	720		160	520	290	240	350	120	50
Graz	650	160		440	150	280	280	190	200
Innsbruck	200	520	440		330	290	170	400	470
Klagenfurt	530	290	150	330		270	240	300	310
Linz	490	240	280	290	270		120	120	190
Salzburg	370	350	280	170	240	120		240	300
St. Pölten	600	120	190	400	300	120	240		70
Wien	670	50	200	470	310	190	300	70	

2) zB: Landeshauptstädte nach der Entfernung zu Linz geordnet: St. Pölten, Salzburg, Wien, Eisenstadt, Klagenfurt, Graz, Innsbruck, Bregenz.

3) Die Tabelle ist bezüglich ihrer „Diagonale" symmetrisch, weil zB Graz von Klagenfurt natürlich genauso weit entfernt ist wie Klagenfurt von Graz.

78 1) 8174733 Einwohner ≈ 8200000 Einwohner

2) 83871 km² ≈ 84000 km²

3)

Bundesland	Einwohner
Burgenland	300000
Kärnten	600000
Niederösterreich	1600000
Oberösterreich	1400000
Salzburg	500000
Steiermark	1200000
Tirol	700000
Vorarlberg	400000
Wien	1600000

4) 8300000 Einwohner

78

5)

Bundesland	auf H	auf T
Burgenland	4000 km²	4000 km²
Kärnten	9500 km²	10000 km²
Niederösterreich	19200 km²	19000 km²
Oberösterreich	12000 km²	12000 km²
Salzburg	7200 km²	7000 km²
Steiermark	16400 km²	16000 km²
Tirol	12600 km²	13000 km²
Vorarlberg	2600 km²	3000 km²
Wien	400 km²	0 km²

zB: Wegen Wien ist es sinnvoller auf Hunderter zu runden.

79

1) Österreich . . . . ≈ 84000 km²
Deutschland . . . . ≈ 357000 km²
Schweiz . . . . ≈ 41000 km²
Liechtenstein. . . . . ≈ 0 km²
Italien . . . . ≈ 301000 km²
Slowenien . . . . ≈ 20000 km²
Ungarn . . . . ≈ 93000 km²
Slowakei . . . . ≈ 49000 km²
Tschechien. . . . . ≈ 79000 km²

2) Deutschland ist um 273000 km² größer als Österreich.
Die Schweiz ist um 43000 km² kleiner als Österreich.
Liechtenstein ist um 84000 km² kleiner als Österreich.
Italien ist um 217000 km² größer als Österreich.
Slowenien ist um 64000 km² kleiner als Österreich.
Ungarn ist um 9000 km² größer als Österreich.
Die Slowakei ist um 35000 km² kleiner als Österreich.
Tschechien ist um 5000 km² kleiner als Österreich.

3) Nehmt auch zB das Internet zur Hilfe.

4)

	B	K	NÖ	OÖ	S	St	T	V	W
Deutschland				X	X		X	X	
Schweiz							X	X	
Liechtenstein								X	
Italien		X			X		X		
Slowenien	X	X				X			
Ungarn	X								
Slowakei	X		X						
Tschechien			X	X					

80 a) Mount Everest .... 8900 m
Aconcagua .... 7000 m
Mount McKinley....... 6200 m
Kilimandscharo........ 5900 m
Mount Blanc.......... 4800 m
Dufour-Spitze .... 4600 m
Großglockner .... 3800 m
Zugspitze............. 3000 m

b) Nein, da die Größenunterschiede zu sehr verzerrt werden.

c) 1) um 5100 m
2) um 3200 m
3) um 2100 m

d) Nehmt auch zB das Internet zur Hilfe.

81 a) 4, 14, 24, 34, 44, 54, 64, 74, 84, 94
b) 7, 17, 27, 37, 47, 57, 67, 77, 87, 97

82 a) 20 b) 200

83 a) 11 b) 111

84 a) 88 b) 8888

85 6543200

86 a) 22, 23, 24, 25, 26, 27, 28, 29, 30, 31, 32, 33, 34, 35, 36
b) 999, 1000, 1001, 1002, 1003, 1004, 1005, 1006

87 a) 60, 62, 64, 66, 68, 70.
Es sind 6 Zahlen.

b) 96, 98, 100, 102, 104, 106, 108, 110.
Es sind 8 Zahlen.

c) 316, 318, 320, 322, 324, 326, 328, 330, 332, 334, 336, 338, 340, 342, 344, 346, 348, 350, 352, 354, 356, 358.
Es sind 22 Zahlen.

88 a) 3, 13, 23, 30, 31, 32, 33, 34, 35, 36, 37, 38, 39, 43, 53, 63, 73, 83, 93.
Es sind 19 Zahlen.

b) 8, 18, 28, 38, 48, 58, 68, 78, 80, 81, 82, 83, 84, 85, 86, 87, 88, 89, 98.
Es sind 19 Zahlen.

c) 10, 20, 30, 40, 50, 60, 70, 80, 90, 100.
Es sind 10 Zahlen.

89 a) 26, 28, 30, 32, 34, 36 b) 45, 47, 49, 51, 53, 55, 57, 59

90 a) 10, 21, 32, 43, 54, 65, 76, 87, 98 b) 11, 22, 33, 44, 55, 66, 77, 88, 99

91 a) 13, 22, 31, 40 b) 15, 24, 33, 42, 51, 60 c) 39, 48, 57, 66, 75, 84, 93

92 a) 102, 111, 120, 201, 210, 300 b) 103, 112, 121, 130, 202, 211, 220, 301, 310, 400

93 Marc, Lili, Johanna, Julian

94 Michael, Isabella, Nicole, Stefan

95 a) {5, 7, 8, 10, 12, 17, 21} c) {5, 16, 18, 37, 50, 61, 73, 81}
b) {27, 49, 56, 65, 73, 84} d) {111, 121, 122, 211, 212, 221}

96 a) {5, 9, 17, 26, 31, 33, 50} c) {35, 59, 127, 154, 191, 200, 222}
b) {5, 7, 11, 38, 42, 67, 73} d) {7, 17, 57, 77, 167, 177, 277, 377}

97 a) {3 111 111 131, 3 111 111 313, 3 111 333 111, 3 113 311 112, 3 333 131 111, 3 333 313 111}
b) {50 055 505, 50 505 505, 50 555 505, 55 000 550, 55 050 050, 55 055 050}

98 4 006, 4 600, 40 600, 46 000

99 a) $18 < 53 < 58$
58 ist um 5 größer als 53 bzw. um 40 größer als 18.
b) $35 < 98 < 346$
346 ist um 248 größer als 98 bzw. um 311 größer als 35.
c) $39 < 78 < 107$
107 ist um 29 größer als 78 bzw. um 68 größer als 39.
d) $95 < 99 < 101$
101 ist um 2 größer als 99 bzw. um 6 größer als 95.
e) $107 < 170 < 710$
710 ist um 540 größer als 170 bzw. um 603 größer als 107.
f) $110 < 111 < 121$
121 ist um 10 größer als 111 bzw. um 11 größer als 110.

100 3 ist kleiner als 10, 30 ist größer als 29, 115 ist kleiner als 125,
5 ist kleiner als 7 und 7 ist kleiner als 8, 38 ist größer als 25 und 25 ist größer als 18.

101 a) $8 > 6$ b) $81 < 84$ c) $27 < 31 < 32$ d) $194 > 184 > 181$

102 a) 35 b) 650 c) 450

103 a) $9 < 17 < 20$ c) $90 < 91 < 92$ e) $30 < 37 < 40$
b) $81 > 71 > 70$ d) $93 > 91 > 90$ f) $38 > 37 > 36$

104 a) 47 is closer to 50
b) 326 is closer to 300
c) 572 is closer to 600

105 a) 9 b) 99 c) 999 d) 9 999

106 a) 100 b) 1 000 c) 10 000 d) 100 000

107 a) 2 b) 10 c) 36 d) 123
Begründung: Addiert man zu einer Zahl ihren Nachfolger, so erhält man um 1 mehr als das Doppelte der ursprünglichen Zahl. Man muss also zuerst 1 abziehen und die entstehende Zahl halbieren.

108 a) 4 b) 20 c) 43 d) 237
Begründung: Addiert man zu einer Zahl ihren Vorgänger, so erhält man um 1 weniger als das Doppelte der ursprünglichen Zahl. Man muss also zuerst 1 addieren und die entstehende Zahl halbieren.

109 a) A = {35, 40, 45, 50, 55, 60, 65, 70, 75, 80}, 10 Elemente
b) B = {17, 26, 35, 44, 53, 62, 71, 80}, 8 Elemente
c) C = {95, 97, 99, 101, 103, 105, 107, 109, 111, 113}, 10 Elemente
d) D = {12, 22, 32, 42, 52, 62, 72, 82, 92}, 9 Elemente

110 a) ∈ c) ∈ e) ∈ g) ∈
b) ∉ d) ∈ f) ∈ h) ∉

111 a) {22, 25, 29, 52, 55, 59, 92, 95, 99}
b) {33, 36, 37, 63, 66, 67, 73, 76, 77}
c) {20, 22, 28, 80, 82, 88}

112 1) {3, 6, 9, 12, 15, 18, 21, 24, 27, 30, 33, 36, 39, 42, 45, 48}; 16 Zahlen
2) {4, 8, 12, 16, 20, 24, 28, 32, 36, 40, 44, 48}; 12 Zahlen
3) {6, 12, 18, 24, 30, 36, 42, 48}; 8 Zahlen

113 1) {6, 12, 18, 24, 30, 36, 42, 48, 54, 60}
2) {6, 12, 18, 24, 30, 36, 42, 48, 54, 60}
Erklärung: Alle Vielfachen von 6 sind auch Vielfache von 2 und 3.

114 1) {8, 16, 24, 32, 40, 48, 56, 64, 72, 80, 88, 96}
2) {8, 16, 24, 32, 40, 48, 56, 64, 72, 80, 88, 96}
Erklärung: Alle Vielfachen von 8 sind auch Vielfache von 2 und 4.

115 A = {16, 24, 32, 40, 48, 56, 64, 72, 80, 88, 96}
B = {12, 24, 36, 48, 60, 72, 84, 96}

116 a) 13 · 7 = 91 aber 13 · 8 = 104 ist dreistellig.
b) 14 · 7 = 98 aber 14 · 8 = 112 ist dreistellig.

117 1) Es gibt ein dreistelliges Vielfaches von 500: 500 · 1 = 500
2) Es gibt zwei dreistellige Vielfache von 499: 499 · 1 = 499, 499 · 2 = 998

118 5 ist in 10 und damit in jedem Vielfachen von 10 enthalten.

119 a) 9 553 203 180
b) 9 553 180 203
c) 1 802 035 359
d) 1 802 035
e) 53 203 180
f) 1 805 359
g) 955 318

120 a) 0, 8, 14, 16, 19, 21, 22 b) 5, 25, 45, 55, 65, 75

121 a) 68, 79, 83, 91, 102, 107, 114 b) 90, 150, 220, 360, 420, 490, 510

122 a) 280, 330, 490, 550, 610, 680, 760 b) 105, 130, 135, 160, 170, 195, 205

123 a) 22, 28, 33, 39, 43, 48, 55 b) 460, 510, 590, 640, 670, 710, 770

124 a) 125, 175, 275, 350, 450, 475 b) 250, 750, 1 500, 1 750, 2 500, 3 250, 3 750

125 a) 750, 2 500, 3 250, 4 500, 6 500, 6 750, 7 750
b) 7 500, 12 500, 25 000, 37 500, 42 500, 45 000, 57 500

126

127

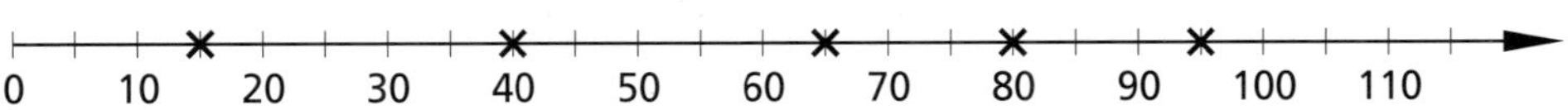

128

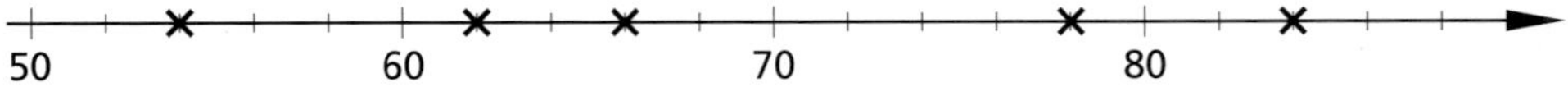

129

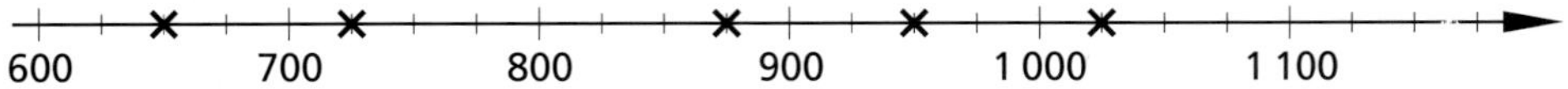

130 a) Einheitsstrecke 5 mm!

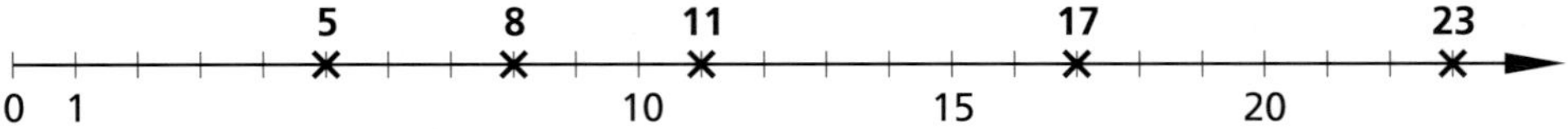

b) Einheitsstrecke 5 mm!

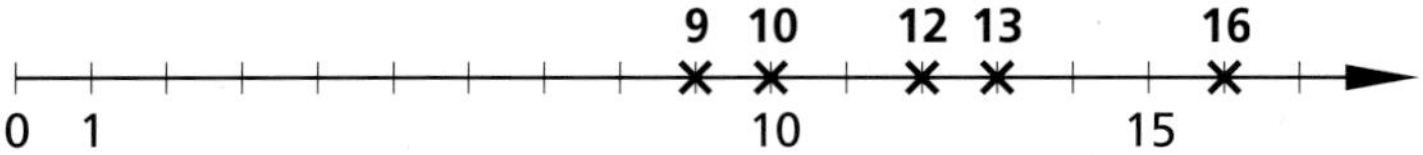

c) Wähle für 0 bis 10 eine Strecke von der Länge 5 mm!

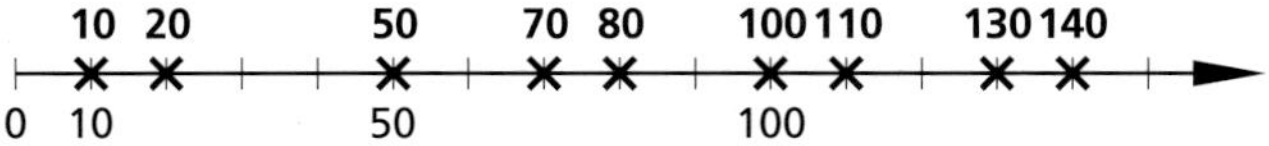

131 a) Einheitsstrecke 5 mm!

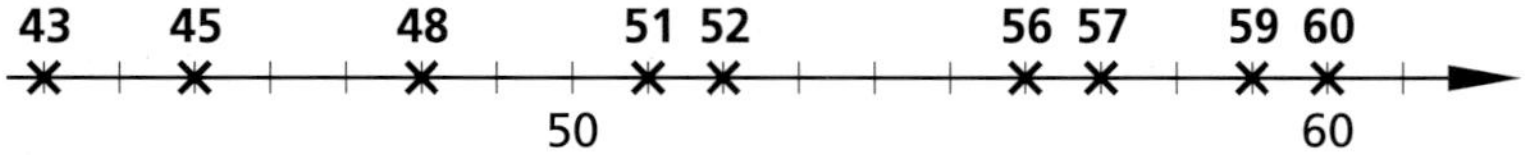

b) Einheitsstrecke 1 mm!

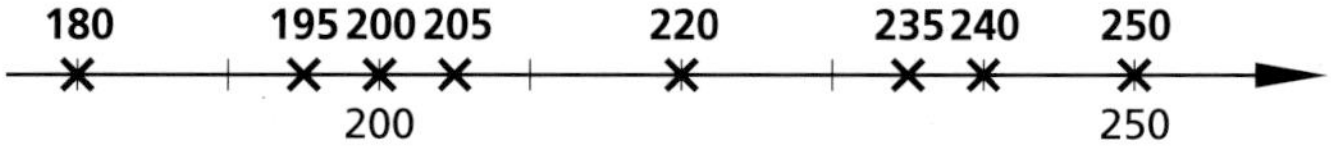

132 a) Einheitsstrecke 1 mm!

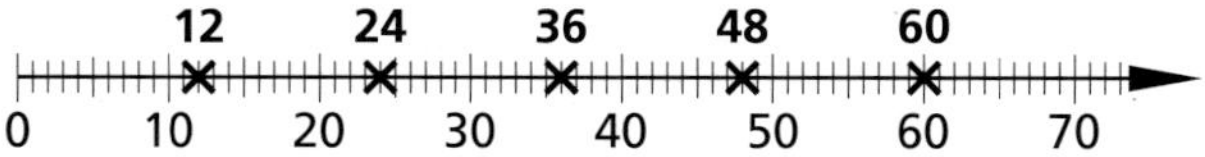

b) Einheitsstrecke 1 mm!

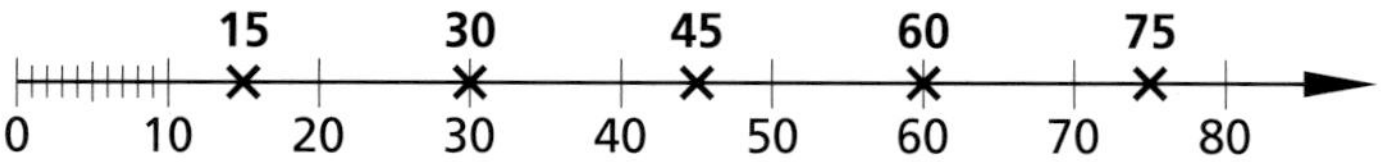

c) Einheitsstrecke 1 mm!

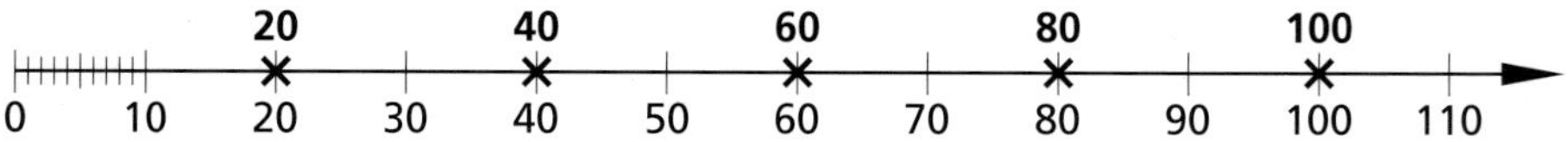

d) Wähle für 0 bis 100 eine Strecke von der Länge 1 cm!

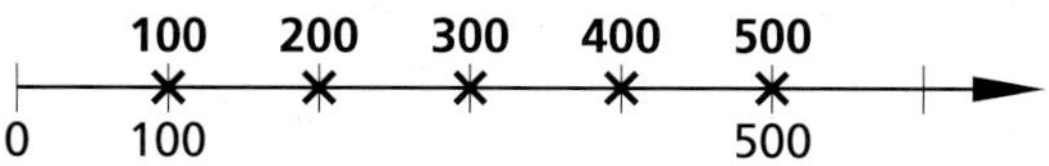

e) Wähle für 0 bis 1 000 eine Strecke von der Länge 1 cm!

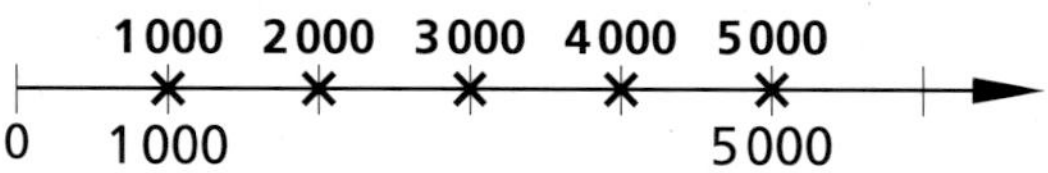

133 Sprecht deutlich!

134 1) 2 2) ZT 3) 9625873 4) zB: 9625873200

135 a) 23 cm b) 2 m 30 cm

136 Man müsste 8000000000 Perlen aneinander reihen.

137 a) 12, 21, 111
b) 13, 31, 22, 112, 121, 211, 1 111
c) 14, 41, 23, 32, 113, 131, 122, 212, 221, 311, 1112, 1121, 1211, 2111, 11111

138 a) 1260 b) 4556 c) 6162 d) 8742

139 a) 168; 168 : 3 = 56 c) 21657; 21657 : 3 = 7219
b) 1467; 1467 : 3 = 489 d) 128808; 128808 : 3 = 42936
Das Ergebnis der Division ist die gegebene Zahl.
Erklärung: zB: Die Summe der drei Zahlen besteht
aus der Zahl vermindert um 1,
aus der Zahl selbst,
aus der Zahl vermehrt um 1,
das ergibt 3-mal die Zahl.

140 a) 26; zB: Begründung: Die Zahl heißt 26, weil sie zu ihrem Vorgänger 25 und zu ihrem Nachfolger 27 addiert 78 ergibt.
b) 49 c) 128 d) 309

141 a) {68, 66, 63, 61, 55, 54, 28} c) {24435, 24181, 24105, 24065, 279}
b) {14234, 13663, 13295, 13216, 395} d) {17205, 17204, 17203, 17201, 17200}

142 a) zB: „große Augenzahlen – großer Stellenwert und kleine Augenzahlen – kleiner Stellenwert"
b) Zahlen größer als 666666 können nie vorkommen.
c) Melissa hat Recht, da jede der sechs Stellen mit 6 verschiedenen Ziffern belegt werden können: $6 \cdot 6 \cdot 6 \cdot 6 \cdot 6 \cdot 6 = 46656$.

143 bis **157** Siehe Buch Seite 280!

158 a) Man muss neunmal addieren.
Die Ergebnisse lauten: 66, 96, 126, 156, 186, 216, 246, 276, 306.
b) Man muss neunmal addieren.
Die Ergebnisse lauten: 81, 126, 171, 216, 261, 306, 351, 396, 441.

159 a) 104 b) 118 c) 1103 d) 10562 e) 67046 f) 73087

160 a) 1613 b) 75225 c) 981995 d) 6645349 e) 73328049

161 a) 21662 d) 24574 g) 9147
b) 22283 e) 24557 h) 10230
c) 10359 f) 22554 i) 13728

162 19 € 80 c is closest to 20 €.

163 1) Die Turniersiegerin muss 6 Spiele gewinnen.
2) Es finden insgesamt 63 Spiele statt.

164 1) 4321 2) 9876 3) 3087 + 3456 = 6543

zB: Das Ergebnis besteht aus den gleichen Ziffern (in umgekehrter Reihenfolge) wie die Angabe.

165 Bei der Berechnung musst du dir vorstellen, mit zwei verschiedenen Würfeln (zB: einem roten und einem grünen) zu würfeln.

a) 1 + 3; 3 + 1; 2 + 2 — 3 Möglichkeiten
b) 1 + 5; 5 + 1; 2 + 4; 4 + 2; 3 + 3 — 5 Möglichkeiten
c) 1 + 6; 6 + 1; 2 + 5; 5 + 2; 3 + 4; 4 + 3 — 6 Möglichkeiten

166 Stelle dir 3 verschiedene Würfel vor (siehe Lsg. zu 165)!

a) 1 + 1 + 6; 1 + 6 + 1; 6 + 1 + 1; 1 + 2 + 5; 1 + 5 + 2; 2 + 1 + 5; 2 + 5 + 1; 5 + 2 + 1; 5 + 1 + 2; 1 + 3 + 4; 1 + 4 + 3; 3 + 1 + 4; 3 + 4 + 1; 4 + 1 + 3; 4 + 3 + 1; 2 + 2 + 4; 2 + 4 + 2; 4 + 2 + 2; 2 + 3 + 3; 3 + 2 + 3; 3 + 3 + 2
21 Möglichkeiten
b) 1 + 2 + 6; 1 + 6 + 2; 2 + 6 + 1 usw. — 25 Möglichkeiten
c) 1 + 3 + 6; 1 + 6 + 3; 3 + 1 + 6 usw. — 27 Möglichkeiten
d) 1 + 4 + 6; 1 + 6 + 4; 4 + 1 + 6 usw. — 27 Möglichkeiten

167 zB:

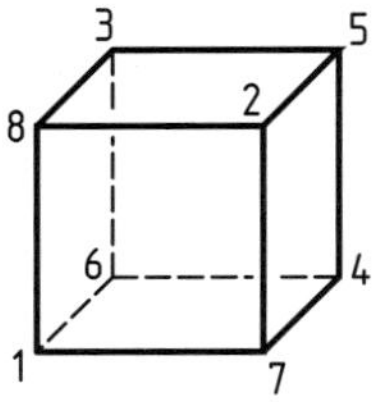

1 + 7 + 4 + 6 = 18
2 + 5 + 4 + 7 = 18
4 + 5 + 3 + 6 = 18
1 + 6 + 3 + 8 = 18
1 + 7 + 2 + 8 = 18
2 + 5 + 3 + 8 = 18

168 a)

1453
504 | 949
136 | 368 | 581
29 | 107 | 261 | 320

b)

4164
1279 | 2885
324 | 955 | 1930
85 | 239 | 716 | 1214

169
a) 1) 354 2) 354 3) 354
b) 1) 238 2) 238 3) 238
c) 1) 442 2) 442 3) 442

Die Summen aus 1), 2), und 3) sind gleich.

170 a) 8 + 4 = 12 b) 300 + 100 = 400 c) 70 + 40 = 110

171 zB: a) Einheitsstrecke 1 cm!

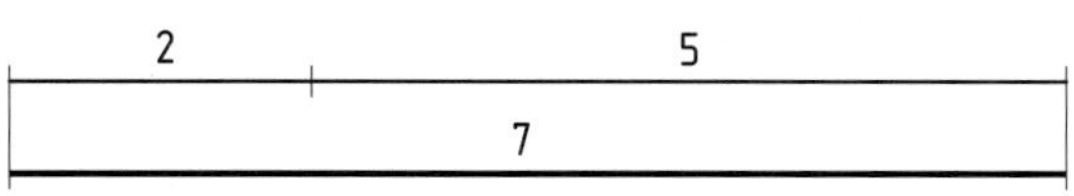

b) Einheitsstrecke 1 cm!

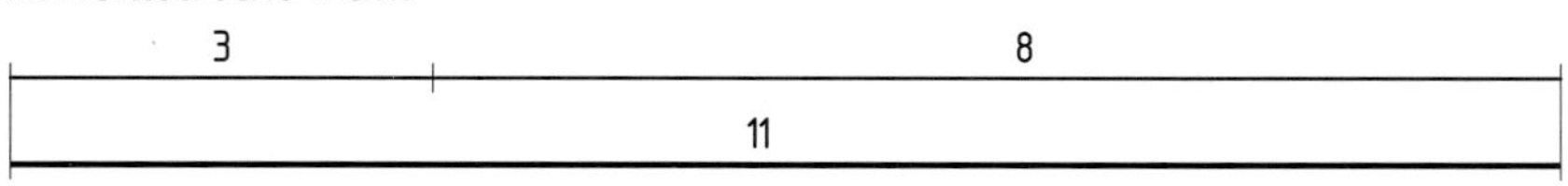

c) Einheitsstrecke 1 mm!

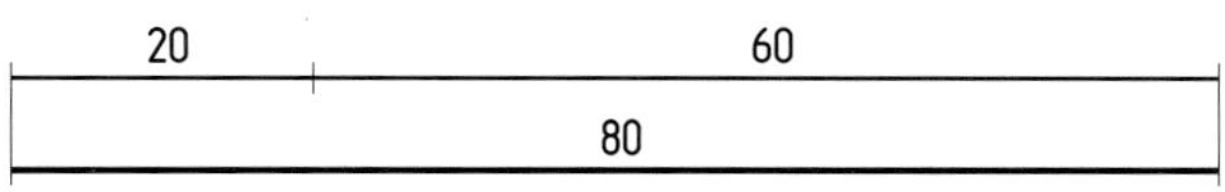

171 zB: d) Einheitsstrecke 1 mm!

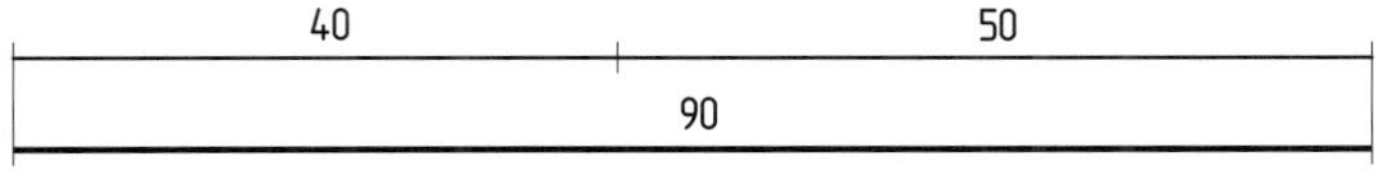

e) Einheitsstrecke 5 mm!

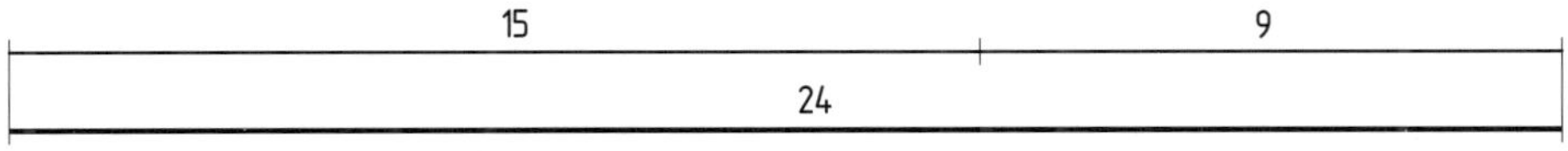

f) Einheitsstrecke 3 mm!

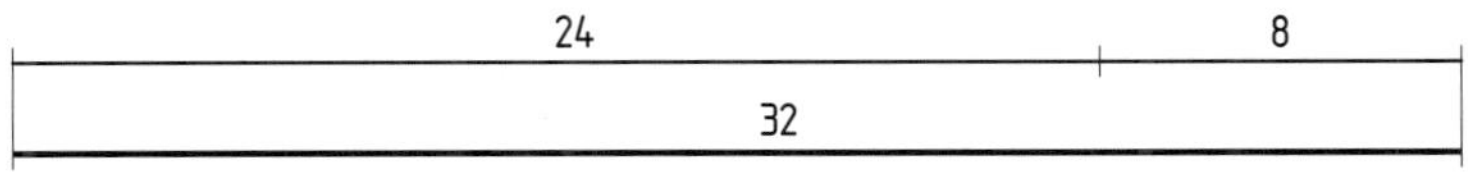

g) Wähle für die Zahl 100 eine Strecke von der Länge 1 cm!

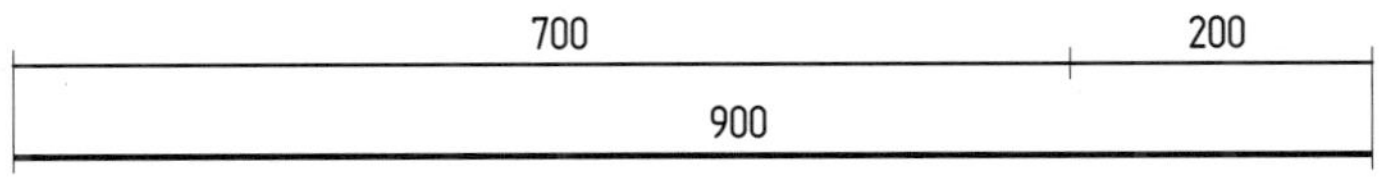

h) Wähle für die Zahl 500 eine Strecke von der Länge 1 cm!

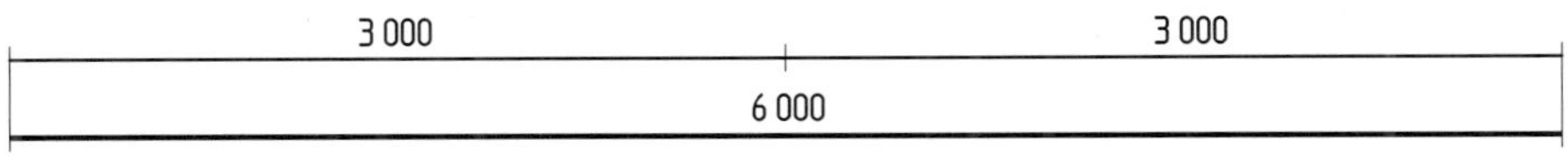

172

a) 2 → + 5 → 7
b) 3 → + 8 → 11
c) 20 → + 60 → 80
d) 40 → + 50 → 90
e) 15 → + 9 → 24
f) 24 → + 8 → 32
g) 700 → + 200 → 900
h) 3 000 → + 3 000 → 6 000

173

a)
36 + 48 + 75 = 159
57 + 25 + 66 = 148
72 + 51 + 39 = 162
165 + 124 + 180 = 469

b)
1 729 + 4 086 + 655 = 6 470
814 + 2 117 + 9 405 = 12 336
3 007 + 34 + 867 = 3 908
5 550 + 6 237 + 10 927 = 22 714

174

1 206 793 + 87 581 + 875 448 = 2 169 822
5 658 + 3 751 293 + 6 705 = 3 763 656
763 912 + 7 458 + 3 649 519 = 4 420 889
765 + 548 207 + 46 892 = 595 864
54 638 + 651 + 723 582 = 778 871
2 031 766 + 4 395 190 + 5 302 146 = 11 729 102

175 Summe der Filial-Einnahmen:
2. Filiale: 37 330 €, 3. Filiale: 35 267 €
Summe der Wochen-Einnahmen:
2. Woche: 34 402 €, 3. Woche: 34 051 €, 4. Woche: 34 130 €
Gesamteinnahme: 137 898 €

176 a) 917 b) 7 745

177 a) 10 + 99 = 109 b) 999 + 1 000 = 1 999

178 652 + 256 = 908

179 419 + 838 + 1 257 = 2514

180 Die Aussage ist falsch, denn es gilt zB: 18 + 0 = 18

181 (0, 0), (0, 1), (0, 2), (0, 3), (0, 4), (0, 5), (0, 6), (1, 1), (1, 2), (1, 3), (1, 4), (1, 5), (2, 2), (2, 3), (2, 4), (3, 3)

182 (0, 8), (2, 6), (4, 4)

183
1) 43 + 56 = 99
2) 53 + 56 = 109 Die Summe wird um 10 größer.
3) 50 + 49 = 99 Die Summe bleibt unverändert.
4) 33 + 46 = 79 Die Summe wird um 20 kleiner.

184 a) 2706 km b) 2706 km

185
a)
10 + 9 = 19
7 + 2 = 9
17 + 11 = 28

b)
6 + 9 = 15
5 + 10 = 15
11 + 19 = 30

186
a) Man muss siebenmal subtrahieren.
Die Ergebnisse lauten: 177, 154, 131, 108, 85, 62, 39.
b) Dies ist fünfmal möglich.
Die Ergebnisse lauten: 163, 126, 89, 52, 15.

187 a) 651 b) 286 c) 472 d) 891 e) 171 f) 917 g) 778

188 a) 50900 b) 62000 c) 70600 d) 98770 e) 99001 f) 81488

189 a) 346 b) 2868 c) 4594 d) 6178 e) 294462

190 a) 535 b) 248 c) 1424 d) 744 e) 19278 f) 27763

191 a) 314 b) 4655 c) 5156 d) 53876

192
a)
43
101 58
224 123 65
493 269 146 81
1032 539 270 124 43

b)
111
239 128
502 263 135
1056 554 291 156
2168 1112 558 267 111

193
a) 2608 – 915 – 612 = 1081
b) 4726 – 2810 = 1916, 5880 – 1916 = 3964

194 a) 999 – 10 = 989 b) 1000 – 10 = 990

195 950 – 509 = 441

196 a) 47 b) 374

197 A giant tortoise can live 72 years longer than an elephant.

198 zB: 543 – 345 = 198
198 + 891 = 1089

199 1) Sie nennen niemals die gleiche Zahl, da Julia nur ungerade und Rupert nur gerade Zahlen nennt.
2) Beim 25. Rechenschritt.

200 1) 987 – 456 = 531
2) 745 – 698 = 47

201 1) 65 – 29 = 36
2) 78 – 29 = 49 Die Differenz wird um 13 größer.
3) 65 – 42 = 23 Die Differenz wird um 13 kleiner.
4) 44 – 29 = 15 Die Differenz wird um 21 kleiner.
5) 65 – 8 = 57 Die Differenz wird um 21 größer.
6) 130 – 58 = 72 Die Differenz wird verdoppelt.
7) 47 – 11 = 36 Die Differenz bleibt gleich.

202 a) 7 – 2 = 5 b) 30 – 20 = 10 c) 10 – 6 = 4

203 a) 7 —[– 2]→ 5 b) 30 —[– 20]→ 10 c) 10 —[– 6]→ 4

204 zB: a) Einheitsstrecke 1 cm!

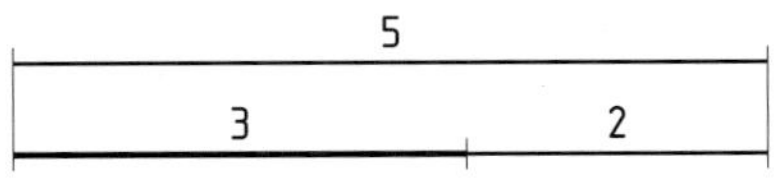

b) Einheitsstrecke 1 cm!

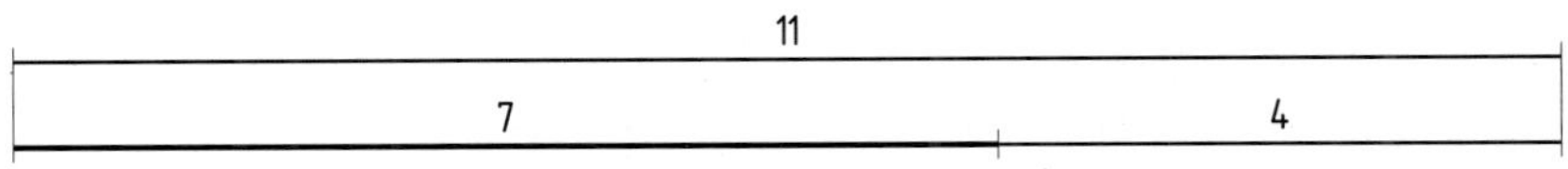

c) Einheitsstrecke 5 mm!

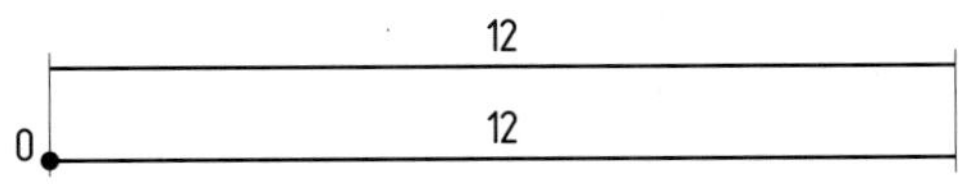

d) Einheitsstrecke 1 mm!

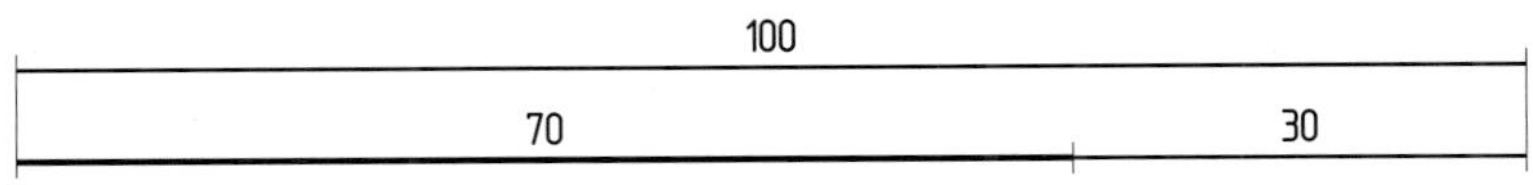

e) Einheitsstrecke 5 mm!

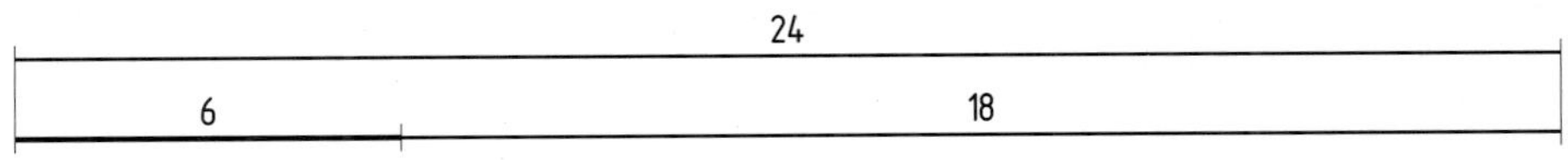

f) Wähle für die Zahl 100 eine Strecke von der Länge 1 cm!

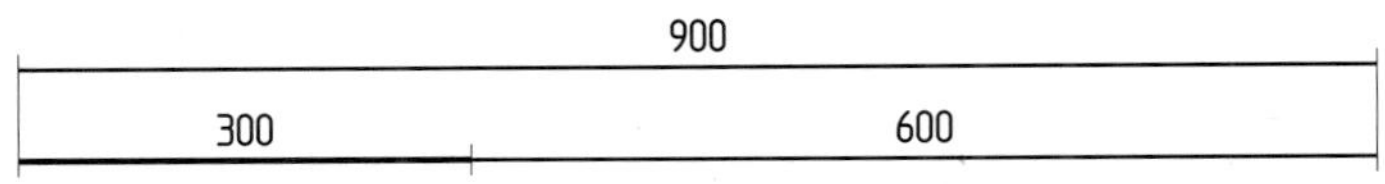

205 zB: Berechne die Abnahme der Anzahl der Fremdenbetten 1) von 1985 bis 1995, 2) von 1995 bis 2005, 3) von 1985 bis 2005!

a) insgesamt b) in Privatquartieren

Antwort: a) 1) 58074 2) 103263 3) 161337

b) 1) 129577 2) 93365 3) 222942

Die Abnahme der Fremdenbetten in Privatquartieren ist stärker als die Abnahme der Fremdenbetten insgesamt.

206
a) 173 Probe: 173 + 184 = 357
b) 128 Probe: 128 + 479 = 607
c) 335 Probe: 335 + 518 = 853
d) 169 Probe: 169 + 757 = 926
e) 493 Probe: 493 + 507 = 1000
f) 992 Probe: 992 + 1008 = 2000

207
a) 1295 Probe: 1295 + 1873 = 3168
b) 7606 Probe: 7606 + 6129 = 13735
c) 9053 Probe: 9053 + 28092 = 37145

208
a) 377902 Probe: 377902 + 146073 = 523975
b) 127892 Probe: 127892 + 578057 = 705949
c) 373719 Probe: 373719 + 229289 = 603008
d) 105664 Probe: 105664 + 77562 = 183226
e) 134987 Probe: 134987 + 382408 = 517395
f) 44452 Probe: 44452 + 795621 = 840073

209 Führe als Probe die Subtraktion aus!

a) 6318 b) 2719 c) 276435 d) 409557

210
a) falsche Aussage; letzte Zahl auf 5382 korrigieren
b) falsche Aussage; letzte Zahl auf 2753 korrigieren
c) falsche Aussage; letzte Zahl auf 2437 korrigieren
d) falsche Aussage; letzte Zahl auf 10858 korrigieren

211
a) 18953 > 19000; falsche Aussage; letzte Zahl zB: 18000
b) 29637 > 29637; falsche Aussage; letzte Zahl zB: 4318
c) 11966 < 11967; wahre Aussage
d) 8482 < 8518; wahre Aussage

212 a)

1286	+	5817	=	7103
+		+		+
3635	+	2431	=	6066
=		=		=
4921	+	8248	=	13169

b)

543	–	218	=	325
–		+		–
153	+	43	=	196
=		=		=
390	–	261	=	129

213

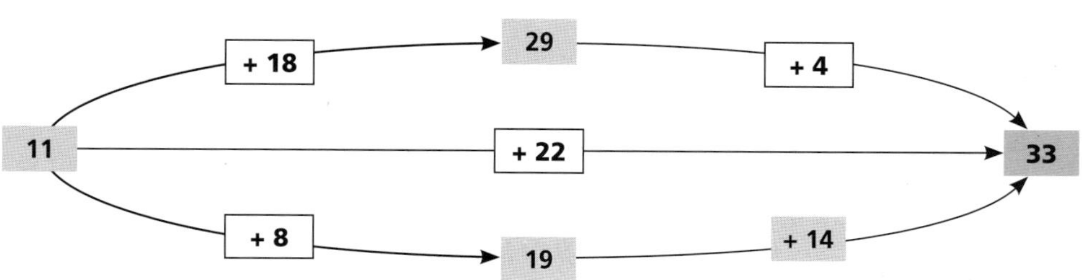

214

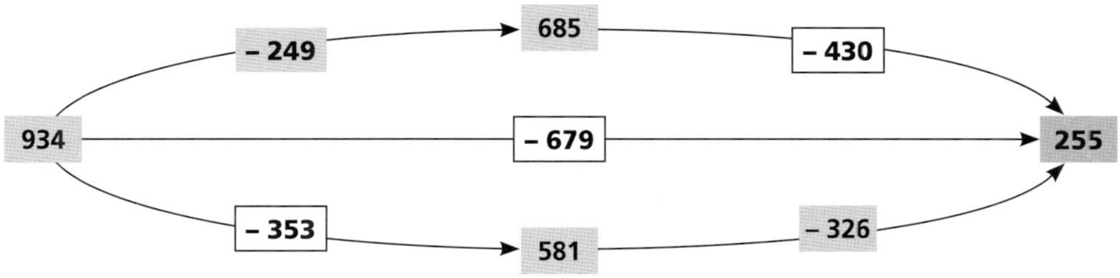

215 Die Großmutter ist um 58 Jahre älter als ihr Enkelkind.

216 Der Dachstein ist 2995 m hoch.

217 Villach hat 58 294 Einwohner.

218 a) 11 muss zu 5 addiert werden, um 16 zu erhalten.
b) 6 muss man von 15 subtrahieren, um 9 zu erhalten.
c) 150 muss man von 500 subtrahieren, um 350 zu erhalten
d) 90 muss man zu 80 addieren, um 170 zu erhalten.

219 a) 8653 – 967 = 7686 b) 8653 – 839 = 7814 c) 8653 – 5077 = 3576

220 a) 1000 – 708 = 292 b) 99999 – 83 147 = 16 852

221 a) 24 083 – 7659 = 16 424 b) 7659 + 7842 = 15 501

222 a) 12 596 – 6713 = 5883 b) 8937 + 2854 = 11 791

223 a) 60 394 – 4785 = 55 609 b) 319 385 – 164 592 = 154 793

224 1) 1. Zahl: 1387, 3. Zahl: 10 302, 4. Zahl: 13 183
2) Die Summe der vier Zahlen beträgt 31 977.

225 Vater: 44 Jahre, Markus: 12 Jahre, Sandra: 11 Jahre, Thomas: 9 Jahre

226 Sarah is 4 years old, Sam is 8 years old and Sue is 16 years old.

227 45, 141, 268
1) Das Addieren zweier natürlicher Zahlen ergibt stets wieder eine natürliche Zahl.
2) Es gibt kein Beispiel dafür, dass die Summe zweier Zahlen aus ℕ keine natürliche Zahl ist.

228 37, 35, 114
1) Das Subtrahieren zweier natürlicher Zahlen ergibt nicht immer eine natürliche Zahl.
2) Beispiel: 77 – 191 = ?

229 Beispiele: 18 + 8 = 26, 182 + 376 = 558, 100 + 998 = 1098.
Das Addieren zweier gerader Zahlen ergibt stets wieder eine gerade Zahl.

230 Beispiele: 17 + 5 = 22, 171 + 455 = 626, 99 + 999 = 1098.
Das Addieren zweier ungerader Zahlen ergibt nie eine ungerade Zahl.
Das Ergebnis ist stets eine gerade Zahl.

231 Wenn beide Summanden gerade bzw. ungerade Zahlen sind, ist die Summe eine gerade Zahl.
Wenn ein Summand gerade und der andere ungerade ist, ist die Summe eine ungerade Zahl.

232 1) 1975: 93757 Geburten; 1985: 87440 Geburten; 1995: 88669 Geburten; 2005: 78190 Geburten

2)

Bundesland	Unterschied
Burgenland	1207
Kärnten	2175
Niederösterreich	2629
Oberösterreich	3248
Salzburg	896
Steiermark	4921
Tirol	1538
Vorarlberg	980
Wien	2027
Österreich	15567

233 1) zB: Wien
1975–1985: Abnahme um 360 Geburten
1985–1995: Zunahme um 1908 Geburten
1995–2005: Zunahme um 479 Geburten

2) zB: Zunahme der Geburtenrate in Wien durch Zuwanderung.
3) zB: Abwanderung von ländlichen Gebieten in Niederösterreich, Zuwanderung in städtische Ballungsgebiete wie Wien
4) zB: Hohe Kosten für die Erziehung der Kinder.
5) zB: Das Pensionssystem kann längerfristig nicht mehr finanziert werden.
6) zB: Gibt es Zusammenhänge zwischen Bevölkerungswachstum und Geburtenrate?

234 1) 1955: 654836 Kraftfahrzeuge; 1980: 3384402 Kraftfahrzeuge; 2005: 5665882 Kraftfahrzeuge

2)

Kraftfahrzeuge	Änderung
Motorräder (Mopeds)	244264
PKW	4013644
LKW	296206
Busse	5038
Sonstige	451894

zB: Der PKW-Bestand ist viel stärker gestiegen als der Bestand bei den Motorrädern.

3)

Kraftfahrzeuge	Änderung 1955–1980	Änderung 1980–2005
Motorräder (Mopeds)	190657	53607
PKW	2103851	1909793
LKW	121042	175164
Busse	4627	411
Sonstige	309389	142505

zB: Die Zunahme im Fahrzeugbestand war 1955–1980 stärker als im Zeitraum 1980–2005. (Ausnahme LKW)

235 1)

Bundesland	Unfälle	Tote	Verletzungsgrad schwer	leicht	unbestimmt	Verletzte gesamt (ohne Tote)
Burgenland	874	36	201	790	153	1144
Kärnten	2866	45	602	2806	296	3704
Niederösterreich	6940	223	1402	5976	1845	9223
Oberösterreich	8829	167	1475	8970	1451	11896
Salzburg	2842	58	452	2940	273	3665
Steiermark	7018	123	1208	7526	322	9056
Tirol	4128	57	727	3515	1078	5320
Vorarlberg	1701	25	284	1416	406	2106
Wien	5698	34	571	6276	273	7120
Österreich	40896	768	6922	40215	6097	53234

2) Verkehrsunfälle: Oberösterreich, Steiermark, Niederösterreich, Wien, Tirol, Kärnten, Salzburg, Vorarlberg, Burgenland

Tote: Niederösterreich, Oberösterreich, Steiermark, Salzburg, Tirol, Kärnten, Burgenland, Wien, Vorarlberg

Verletzte: Oberösterreich, Niederösterreich, Steiermark, Wien, Tirol, Kärnten, Salzburg, Vorarlberg, Burgenland

3) Abgesehen von Wien ereignen sich in den bevölkerungsreichen Bundesländern auch die meisten Verkehrsunfälle.
zB: in Wien herrscht eine höhere Verkehrsdichte als in den übrigen Bundesländern.

236 a) $3581 + 4653 = 8234$ b) $7163 - 648 = 6515$ c) $8573 + 2680 = 11253$ d) $3573 - 2560 = 1013$

237 a)

67	49	82
81	66	51
50	83	65

b)

142	207	359
453	236	19
113	265	330

c)

279	307	305	285
301	289	291	295
293	297	299	287
303	283	281	309

238

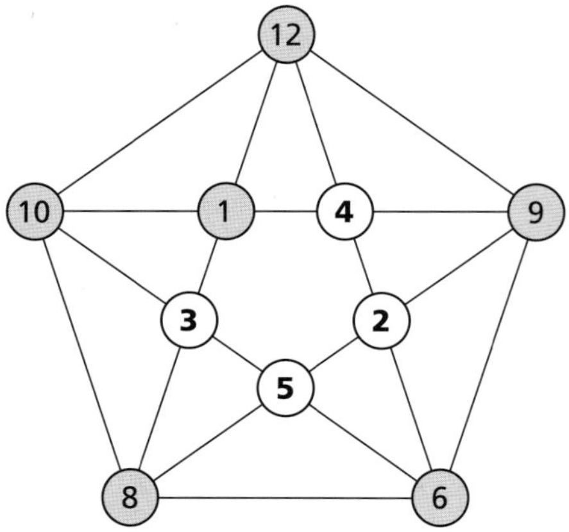

Die Summe aller Zahlen ist 60.

239

Ware	1 kg	2 kg	3 kg	4 kg + 1 kg Wägestück
Wägestücke	1 kg	2 kg	1 kg + 2 kg	5 kg

5 kg	6 kg	7 kg	8 kg
5 kg	1 kg + 5 kg	2 kg + 5 kg	1 kg + 2 kg + 5 kg

240

Ware	1 kg	2 kg	3 kg	4 kg	5 kg
Wägestücke	1 kg	2 kg	1 kg + 2 kg	2 kg + 2 kg	5 kg

6 kg	7 kg	8 kg
1 kg + 5 kg	2 kg + 5 kg	1 kg + 2 kg + 5 kg

9 kg	10 kg
2 kg + 2 kg + 5 kg	1 kg + 2 kg + 2 kg + 5 kg

241 a) Susi muss beim nächsten Mal 2 würfeln.
b) Gerald muss beim nächsten Mal 2 würfeln.

242

a) 240	c) 300	e) 1 000	g) 13 000
b) 400	d) 310	f) 1 800	h) 10 000

Man verwendet das Vertauschungsgesetz der Addition und das Verbindungsgesetz der Addition.

243 zB: a) Einheitsstrecke 1 cm! 4 + 7 = 7 + 4 = 11

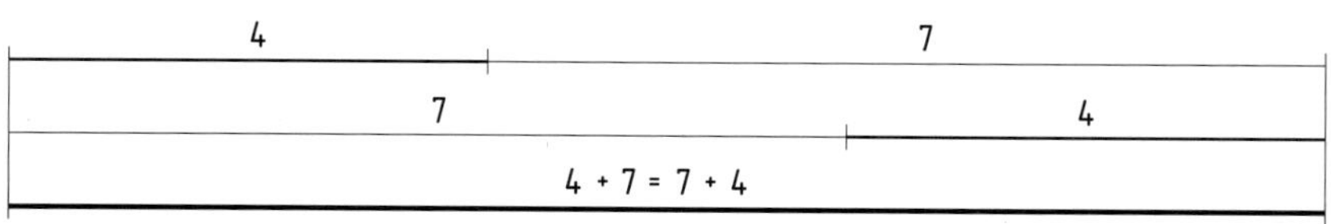

b) Einheitsstrecke 1 cm! 8 + 3 = 3 + 8 = 11

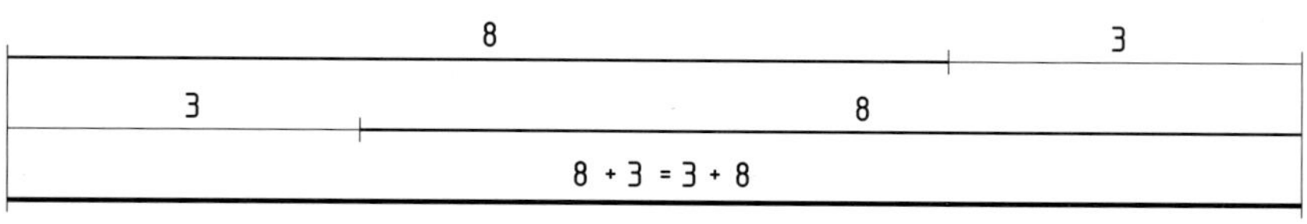

243 zB: c) Einheitsstrecke 1 mm! 10 + 90 = 90 + 10 = 100

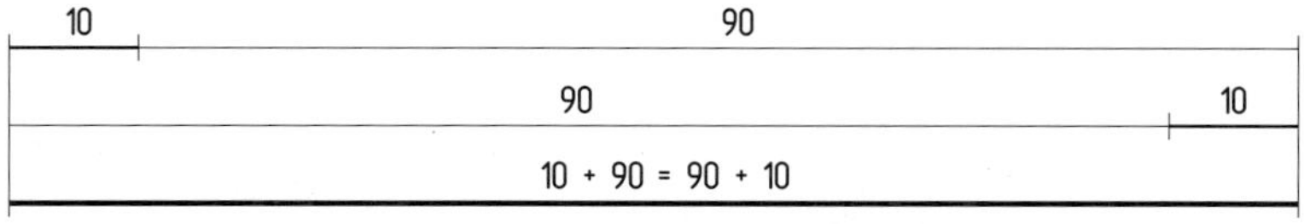

d) Wähle für die Zahl 100 eine Strecke von der Länge 1 cm!
600 + 300 = 300 + 600 = 900

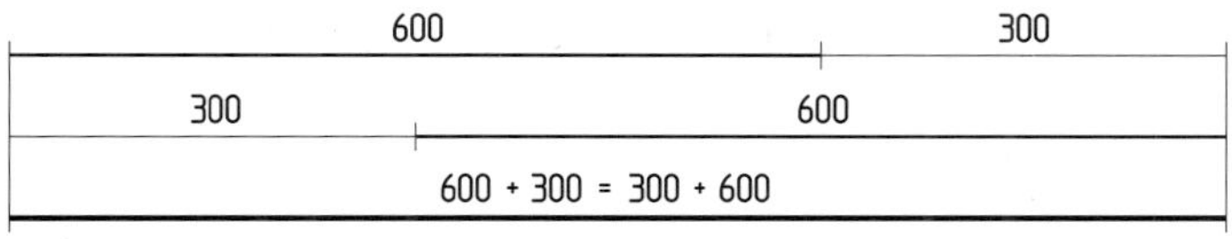

244 zB: a) (1 + 3) + 6 = 1 + (3 + 6) Einheitsstrecke 1 cm!

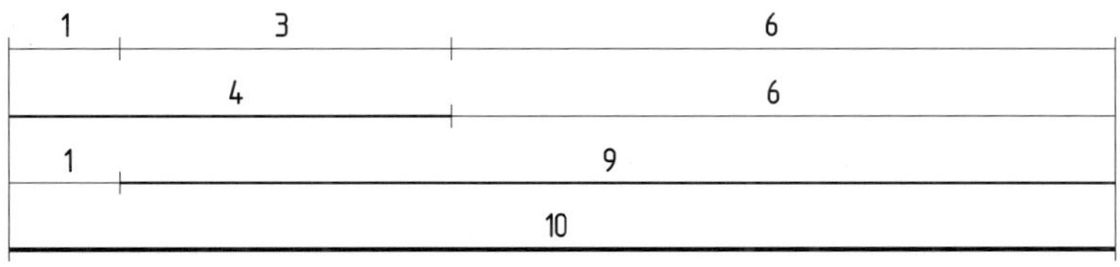

b) (2 + 4) + 5 = 2 + (4 + 5) Einheitsstrecke 1 mm!

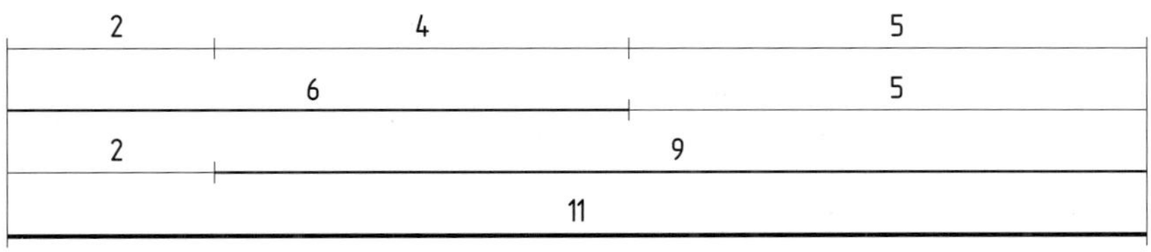

c) (30 + 40) + 50 = 30 + (40 + 50) Einheitsstrecke 1 mm!

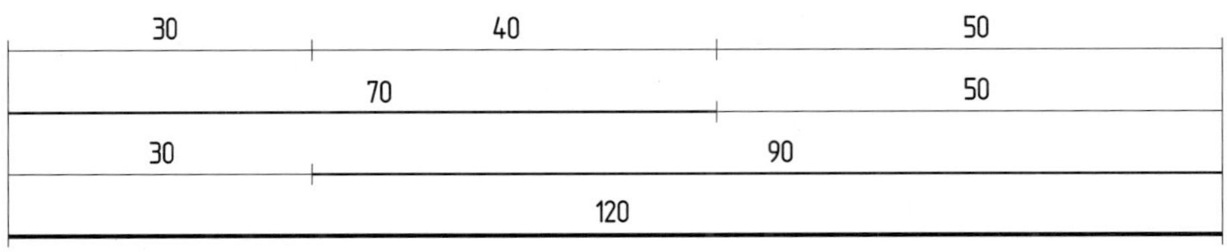

d) (1 + 5) + 5 = 1 + (5 + 5) Einheitsstrecke 1 cm!

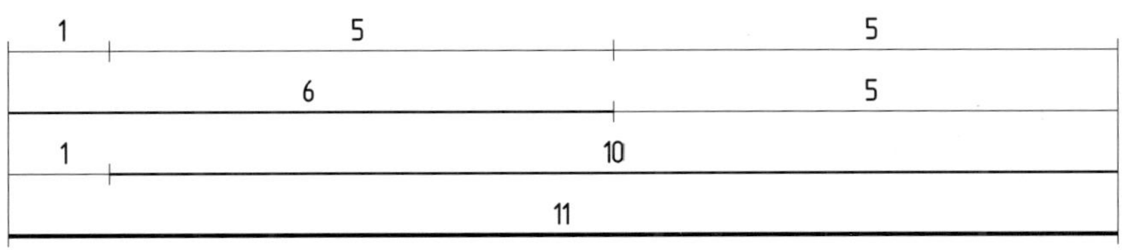

245

	a	b	c	a + b	b + a	(a + b) + c	b + c	a + (b + c)
a)	59	95	23	154	154	177	118	177
b)	134	159	207	293	293	500	366	500
c)	259	105	312	364	364	676	417	676
d)	127	398	208	525	525	733	606	733
e)	293	523	858	816	816	1674	1381	1674
f)	817	695	364	1512	1512	1876	1059	1876

Man erkennt das Vertauschungsgesetz der Addition und das Verbindungsgesetz der Addition.

246

a) 57 + (89 + 74) = (57 + 89) + 74 = 220
b) (38 + 46) + 95 = 38 + (46 + 95) = 179
c) 97 + (28 + 119) = (97 + 28) + 119 = 244
d) (529 + 218) + 794 = 529 + (218 + 794) = 1541
e) (235 + 609) + 723 = 235 + (609 + 723) = 1567
f) 849 + (1056 + 2753) = (849 + 1056) + 2753 = 4658

247

1) 9 – 6 ≠ 6 – 9; 25 – 7 ≠ 7 – 25; 800 – 300 ≠ 300 – 800
2) 9 – 3 – 2 = (9 – 3) – 2 ≠ 9 – (3 – 2)
25 – 7 – 10 = (25 – 7) – 10 ≠ 25 – (7 – 10)
112 – 5 – 2 = (112 – 5) – 2 ≠ 112 – (5 – 2)

248

a) 73 + (34 + 16) = 73 + 50 = 123
b) (832 + 268) + 557 = 1100 + 557 = 1657
c) (5917 + 6383) + (3721 + 4979) = 12300 + 8700 = 21000
d) (3185 + 2815) + (6448 + 3552) = 6000 + 10000 = 16000
e) 4786 + (7641 + 2786) = 4786 + 10427 = 15213
f) (3791 + 8260) + 9763 = 12051 + 9763 = 21814
g) (12774 + 3569) + (27648 + 34168) = 16343 + 61816 = 78159
h) (6743 + 91260) + (24617 + 191712) = 98003 + 216329 = 314332

249

a)	79	41	53	41
	15	15	15	41
b)	66	124	32	32
	66	32	90	124

250

a) 237 c) 197 e) 11900
b) 304 d) 194 f) 6600

251

a) 55 b) 210 c) 465 d) 385 e) 630 f) 1085

252

5050

253

a) 114 b) 367 c) 217 d) 835 e) 24967 f) 399462

254

a) 465 b) 2247 c) 1171 d) 133396

255

a) 2987 b) 3144 c) 10998 d) 49643

256 a) 10 – 3 – 5 = 10 – (3 + 5)
10 – 3 – 5 = 7 – 5 = 2
10 – (3 + 5) = 10 – 8 = 2
b) 12 – 1 – 7 = 12 – (1 + 7)
12 – 1 – 7 = 11 – 7 = 4
12 – (1 + 7) = 12 – 8 = 4
c) 80 – 20 – 40 = 80 – (20 + 40)
80 – 20 – 40 = 60 – 40 = 20
80 – (20 + 40) = 80 – 60 = 20
d) 1 000 – 300 – 400 = 1 000 – (300 + 400)
1 000 – 300 – 400 = 700 – 400 = 300
1 000 – (300 + 400) = 1 000 – 700 = 300

257 zB: 25 – 17 – 3 = 25 – 3 – 17 = 5
104 – 12 – 1 = 104 – 1 – 12 = 91
1 468 – 304 – 28 = 1 468 – 28 – 304 = 1 136

258 Ihm bleiben 30 kg Kartoffeln.

259 Carmen hatte 30 € mit.

260 An der Abendkasse wurden 241 Karten verkauft.

261 Es waren 9 Sitzplätze leer.

262 Es wurden 89 € auf das Sparbuch gelegt.

263 1) Gesamteinnahmen: 19 573 €, Gesamtausgaben: 38 411 €
2) um 18 838 €
3) 16 927 €

264 427 Personen kommen in Krems an.

265 Am Wiener Südbahnhof kommen 277 Personen an.

266 27 Personen sind im Autobus.

267 a) 1) 157 2) 457 3) 1 057
b) 1) 605 2) 305 3) 105
c) 1) 354 2) 554 3) 1 254
d) 1) 717 2) 417 3) 217

268 a) zB: 8 + 15 = 18 + 5; 8 + 16 = 18 + 6; 8 + 17 = 18 + 7
1) 8 + 15 = 18 + 5 2) 8 + 17 = 18 + 7 3) 8 + 20 = 18 + 10
b) zB: 100 – 10 = 98 – 8; 100 – 12 = 98 – 10; 100 – 14 = 98 – 12
1) 100 – 10 = 98 – 8 2) 100 – 14 = 98 – 12 3) 100 – 20 = 98 – 18
c) zB: 200 – 15 = 115 – 70; 200 – 18 = 115 + 67; 200 – 21 = 115 + 64
1) 200 – 15 = 115 – 70 2) 200 – 21 = 115 + 64 3) 200 – 30 = 115 + 55

269 1) a) 58
(40 + 3) + (18 – 3)
(40 + 5) + (18 – 5)
(40 + 7) + (18 – 7)
b) 58
(40 – 3) + (18 + 3)
(40 – 5) + (18 + 5)
(40 – 7) + (18 + 7)
c) 22
(40 + 4) – (18 + 4)
(40 + 6) – (18 + 6)
(40 + 8) – (18 + 8)
d) 22
(40 – 4) – (18 – 4)
(40 – 6) – (18 – 6)
(40 – 8) – (18 – 8)

2) Der Wert einer Summe ändert sich nicht, wenn man einen Summanden um eine Zahl erhöht und den zweiten Summanden um die gleiche Zahl vermindert.
Der Wert einer Differenz ändert sich nicht, wenn man den Minuend und den Subtrahend um die gleiche Zahl erhöht bzw. vermindert.

270 a) (16523 + 7982) – (16523 – 7982) = 24505 – 8541 = 15964
b) (387493 – 47583) – (1648 + 117543 + 8946) = 339910 – 128137 = 211773

271 a) 17 · 3 = 51 b) 249 · 4 = 996

272 a) 25 + 25 + 25 + 25 + 25 + 25 = 150
b) 97 + 97 + 97 + 97 + 97 + 97 + 97 + 97 = 776
c) 408 + 408 + 408 + 408 + 408 = 2040
d) 2817 + 2817 + 2817 = 8451
e) 23529 + 23529 + 23529 + 23529 + 23529 = 117645

273 a) 4, 8, 12, 16, 20, 24, 28, 32, 36, 40
b) 7, 14, 21, 28, 35, 42, 49, 56, 63, 70
c) 9, 18, 27, 36, 45, 54, 63, 72, 81, 90

274 a) 5 ,10, 15, 20, 25, 30, 35, 40, 45, 50, 55, 60, 65, 70, 75, 80, 85, 90, 95, 100
b) 6, 12, 18, 24, 30, 36, 42, 48, 54, 60, 66, 72, 78, 84, 90, 96, 102, 108, 114, 120
c) 8, 16, 24, 32, 40, 48, 56, 64, 72, 80, 88, 96, 104, 112, 120, 128, 136, 144, 152, 160

275 a) 85 b) 1160 c) 9245 d) 13670 e) 41085 f) 187280

276

		· 2	· 5	· 7	· 9
a)	38	76	380	2660	23940
b)	53	106	530	3710	33390
c)	128	256	1280	8960	80640
d)	374	748	3740	26180	235620

277 a) 0, 8, 0, 8 b) 10 000, 0, 10 000, 0 c) 849, 849, 0, 0 d) 0, 5817, 0, 5817

278 a) Die Aussage ist falsch, da 9 > 1.
b) Die Aussage ist falsch, da 0 = 0.
c) Die Aussage ist falsch, da 0 = 0.
d) Die Aussage ist wahr, da 1 000 < 100 000.
e) Die Aussage ist falsch, da 0 = 0.
f) Die Aussage ist falsch, da 0 = 0.
g) Die Aussage ist falsch, da 900 > 0.
h) Die Aussage ist wahr, da 1 > 0.
i) Die Aussage ist falsch, da 0 = 0.

279 a) 0, 2, 4, 6, 8
b) 0, 1, 2, 3, 4, 5, 6, 7, 8, 9
c) 0, 5
d) 0, 2, 4, 6, 8

280 a) 6 · 2 = 12, 6 · 7 = 42 b) 6 · 4 = 24, 6 · 9 = 54 c) 6 · 3 = 18, 6 · 8 = 48

281 15 · 1 = 15, 15 · 2 = 30, 15 · 3 = 45, 15 · 4 = 60, 15 · 5 = 75, 15 · 6 = 90, 15 · 7 = 105, 15 · 8 = 120, 15 · 9 = 135
Einerstelle 0 oder 5.

282 1) 34, 64, 1 026, 5 436
2) Die Zahlen gehören der Menge $\mathbb{N}_g$ (Menge der geraden natürlichen Zahlen) an.

283 1) Der Wert wird verdoppelt.
2) Der Wert wird halbiert.
3) Der Wert wird vervierfacht.
4) Der Wert wird geviertelt.
5) Der Wert bleibt gleich.
6) Der Wert bleibt gleich.

284 10 · 6 = 60, aber 11 · 5 = 55; der Wert des Produktes ändert sich um 5.

285 Der Wert des Produktes wird **1)** um 6, **2)** um 10 größer.

286 Der Wert des Produktes wird **1)** um 12, **2)** um 30 kleiner.

287 **a)** **1)** 480, 630, 570, 910, 300
2) 4800, 6300, 5700, 9100, 3000
3) 48000, 63000, 57000, 91000, 30000
b) **1)** 1280, 2430, 8000, 45000, 30040
2) 12800, 24300, 80000, 450000, 300400
3) 128000, 243000, 800000, 4500000, 3004000
c) **1)** 37180, 52490, 73200, 82000, 90000
2) 371800, 524900, 732000, 820000, 900000
3) 3718000, 5249000, 7320000, 8200000, 9000000

288 **a)** 5 Nullen **b)** 6 Nullen **c)** 8 Nullen **d)** 12 Nullen

289 a)
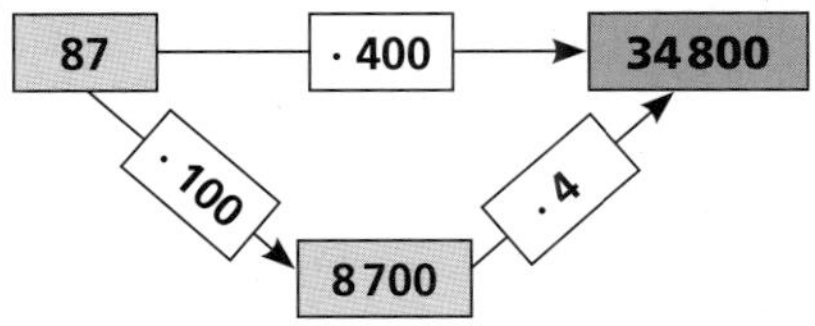

b)
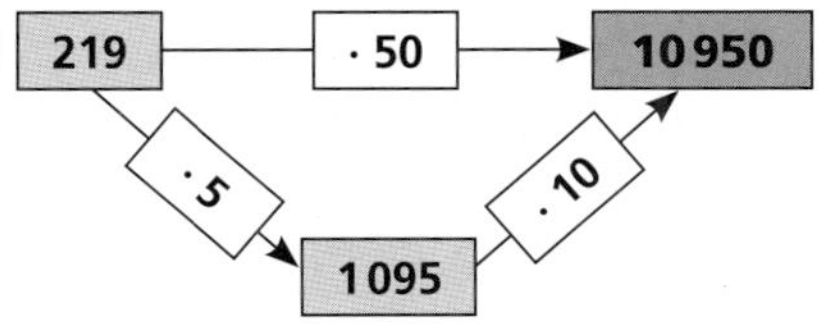

290 zB:

a)
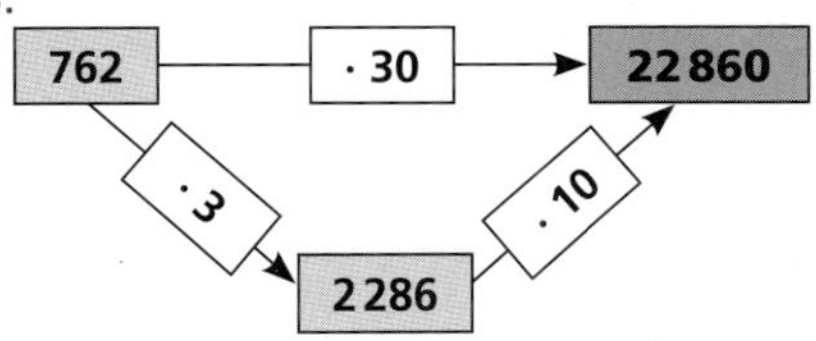

e)
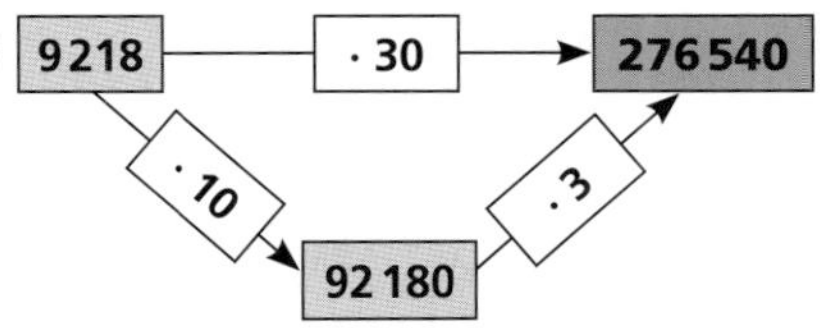

b)
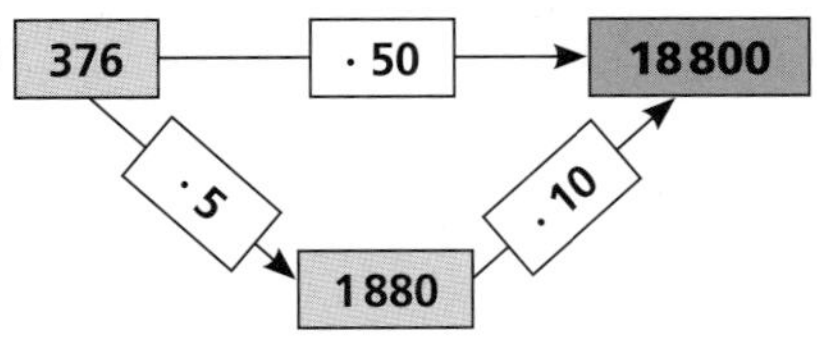

f)
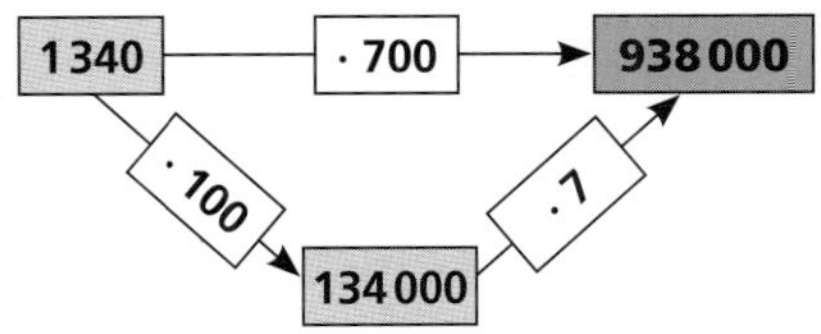

c)
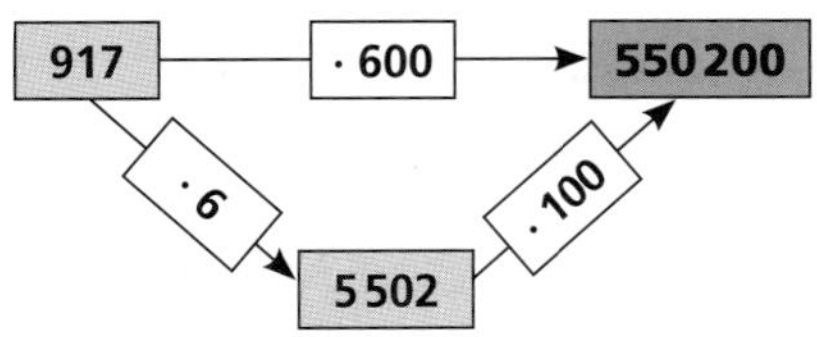

g)
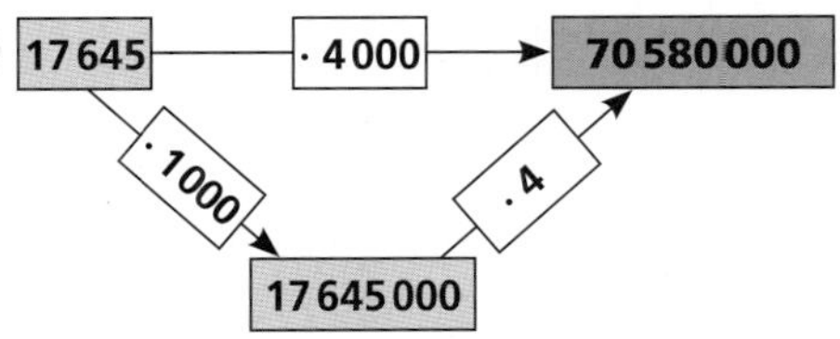

d)
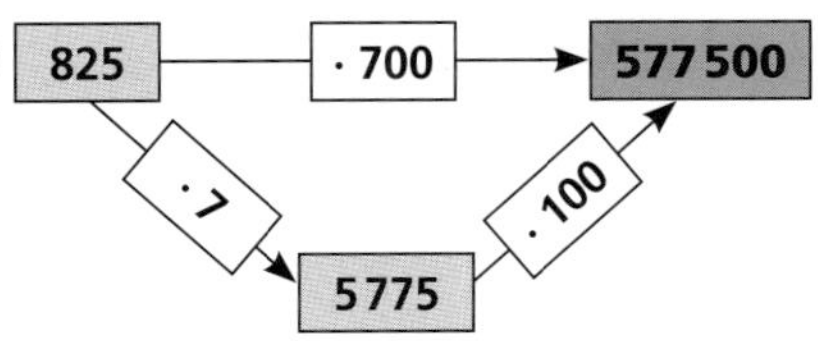

h)
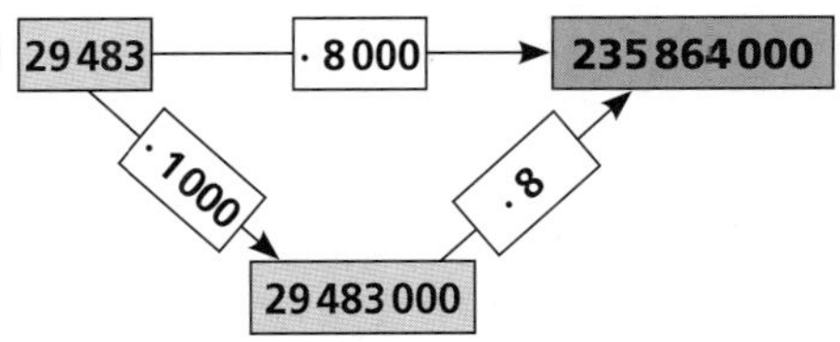

291 zB: **a)** Ü: 30 · 50 = 1500; 1440 ist das richtige Ergebnis.
b) Ü: 200 · 80 = 16000; 12000 ist das richtige Ergebnis.
c) Ü: 250 · 200 = 50000; 48000 ist das richtige Ergebnis.
d) Ü: 400 · 100 = 40000; 45500 ist das richtige Ergebnis.

292 a) 1000 b) 3000

293 a) $70 < 73 < 80$
$20 < 26 < 30 \Rightarrow 1400 < 73 \cdot 26 < 2400$
Ergebnis: $\underline{1898}$ Ü: $70 \cdot 30 = 2100$
b) $30 < 38 < 40$
$50 < 59 < 60 \Rightarrow 1500 < 38 \cdot 59 < 2400$
Ergebnis: $\underline{2242}$ Ü: $40 \cdot 60 = 2400$
c) $50 < 52 < 60$
$80 < 86 < 90 \Rightarrow 4000 < 52 \cdot 86 < 5400$
Ergebnis: $\underline{4472}$ Ü: $50 \cdot 90 = 4500$
d) $60 < 64 < 70$
$30 < 37 < 40 \Rightarrow 1800 < 64 \cdot 37 < 2800$
Ergebnis: $\underline{2368}$ Ü: $60 \cdot 40 = 2400$
e) $30 < 37 < 40$
$50 < 55 < 60 \Rightarrow 1500 < 37 \cdot 55 < 2400$
Ergebnis: $\underline{2035}$ Ü: $60 \cdot 40 = 2400$
f) $50 < 58 < 60$
$40 < 43 < 50 \Rightarrow 2000 < 58 \cdot 43 < 3000$
Ergebnis: $\underline{2494}$ Ü: $60 \cdot 40 = 2400$
g) $90 < 95 < 100$
$70 < 72 < 80 \Rightarrow 6300 < 95 \cdot 72 < 8000$
Ergebnis: $\underline{6840}$ Ü: $100 \cdot 70 = 7000$
h) $20 < 29 < 30$
$90 < 98 < 100 \Rightarrow 1800 < 29 \cdot 98 < 3000$
Ergebnis: $\underline{2842}$ Ü: $30 \cdot 100 = 3000$
i) $80 < 84 < 90$
$70 < 79 < 80 \Rightarrow 5600 < 84 \cdot 79 < 7200$
Ergebnis: $\underline{6636}$ Ü: $80 \cdot 80 = 6400$
j) $70 < 76 < 80$
$80 < 83 < 90 \Rightarrow 5600 < 76 \cdot 83 < 7200$
Ergebnis: $\underline{6308}$ Ü: $80 \cdot 80 = 6400$

294 a) $500 < 523 < 600$
$200 < 264 < 300 \Rightarrow 100000 < 523 \cdot 264 < 180000$
Ergebnis: $\underline{138072}$ Ü: $500 \cdot 300 = 150000$
b) $700 < 758 < 800$
$300 < 329 < 400 \Rightarrow 210000 < 758 \cdot 329 < 320000$
Ergebnis: $\underline{249382}$ Ü: $800 \cdot 300 = 240000$
c) $500 < 568 < 600$
$600 < 649 < 700 \Rightarrow 300000 < 568 \cdot 649 < 420000$
Ergebnis: $\underline{368632}$ Ü: $600 \cdot 600 = 360000$
d) $600 < 627 < 700$
$300 < 396 < 400 \Rightarrow 180000 < 627 \cdot 396 < 280000$
Ergebnis: $\underline{248292}$ Ü: $600 \cdot 400 = 240000$
e) $500 < 597 < 600$
$600 < 617 < 700 \Rightarrow 300000 < 597 \cdot 617 < 420000$
Ergebnis: $\underline{368349}$ Ü: $600 \cdot 600 = 360000$

294 f) $200 < 254 < 300$
$700 < 788 < 800 \Rightarrow 140\,000 < 254 \cdot 788 < 240\,000$
Ergebnis: $\underline{200\,152}$ Ü: $300 \cdot 800 = 240\,000$
g) $1\,900 < 1\,937 < 2\,000$
$600 < 628 < 700 \Rightarrow 1\,140\,000 < 1\,937 \cdot 628 < 1\,400\,000$
Ergebnis: $\underline{1\,216\,436}$ Ü: $2\,000 \cdot 600 = 1\,200\,000$
h) $5\,400 < 5\,488 < 5\,500$
$200 < 275 < 300 \Rightarrow 1\,080\,000 < 5\,488 \cdot 275 < 1\,650\,000$
Ergebnis: $\underline{1\,509\,200}$ Ü: $5\,000 \cdot 300 = 1\,500\,000$

295 a) $5\,000 < 5\,453 < 6\,000$
$200 < 256 < 300 \Rightarrow 1\,000\,000 < 5\,453 \cdot 256 < 1\,800\,000$
Ergebnis: $\underline{1\,395\,968}$ Ü: $5\,000 \cdot 300 = 1\,500\,000$
b) $4\,000 < 4\,835 < 5\,000$
$300 < 369 < 400 \Rightarrow 1\,200\,000 < 4\,835 \cdot 369 < 2\,000\,000$
Ergebnis: $\underline{1\,784\,115}$ Ü: $5\,000 \cdot 400 = 2\,000\,000$
c) $6\,000 < 6\,279 < 7\,000$
$400 < 472 < 500 \Rightarrow 2\,400\,000 < 6\,279 \cdot 472 < 3\,500\,000$
Ergebnis: $\underline{2\,963\,688}$ Ü: $6\,000 \cdot 500 = 3\,000\,000$
d) $5\,000 < 5\,681 < 6\,000$
$400 < 492 < 500 \Rightarrow 2\,000\,000 < 5\,681 \cdot 492 < 3\,000\,000$
Ergebnis: $\underline{2\,795\,052}$ Ü: $6\,000 \cdot 500 = 3\,000\,000$
e) $20\,000 < 26\,973 < 30\,000$
$4\,000 < 4\,567 < 5\,000 \Rightarrow 80\,000\,000 < 26\,973 \cdot 4\,567 < 150\,000\,000$
Ergebnis: $\underline{123\,185\,691}$ Ü: $30\,000 \cdot 5\,000 = 150\,000\,000$
f) $30\,000 < 38\,158 < 40\,000$
$5\,000 < 5\,234 < 6\,000 \Rightarrow 150\,000\,000 < 38\,158 \cdot 5\,234 < 240\,000\,000$
Ergebnis: $\underline{199\,718\,972}$ Ü: $40\,000 \cdot 5\,000 = 200\,000\,000$

296 a) falsche Aussage, da $28 \cdot 11 = 308$
b) falsche Aussage, da $53 \cdot 26 = 1\,378$
c) wahre Aussage

297 a) falsche Aussage, da $864 > 840$
b) falsche Aussage, da $9\,804 < 9\,844$
c) falsche Aussage, da $158\,208 > 157\,537$

298 a) 1 428 c) 11 219 e) 4 571 879
b) 3 477 d) 861 564 f) 43 579 096

299 a) 3 956 121 c) 11 294 165 e) 300 518 724 g) 384 312 735
b) 88 536 d) 22 254 564 f) 4 488 885 698 h) 4 891 500 382

300 1) 1 111 111 2) 2 222 222
zB: $9\,298 \cdot 239 = 2\,222\,222$; $4\,649 \cdot 956 = 4\,444\,444$; $9\,298 \cdot 717 = 6\,666\,666$

301

a)	b)	c)
365 × 257	414 × 358	654 × 537
730	1242	3270
1825	2070	1962
2555	3312	4578
93805	148212	351198

302 a) Die Gesamteinnahme betrug 520 948 €.
b) 20 613 Karten sind nicht verkauft worden.

303 a) Die Gesamteinnahme beträgt 178 305 €.
b) 7 939 Karten sind nicht verkauft worden.

304 Die Gesamteinnahme betrug 531 916 €.

305 a) 12 m (Teilung); zB: Ein Draht von 48 m Länge wird in 4 gleich lange Stücke geschnitten. Wie lang ist ein Stück?
b) 9 € (Teilung); zB: 45 € werden auf 5 Kinder aufgeteilt. Wie viel Euro bekommt jedes Kind?
c) 218-mal (Messung); zB: 436 kg Birnen werden auf 2-kg-Säcke aufgeteilt. Wie viele Säcke kann man füllen?
d) 12 dag (Teilung); zB: Beim Backen sollen 84 dag Teig in 7 gleiche Teile geteilt werden. Wie viel dag enthält ein Teil?

306 a) 1, 3, 5, 15
b) 1, 2, 3, 6, 9, 18
c) 1, 2, 4, 5, 10, 20
d) 1, 2, 3, 4, 6, 8, 12, 24
e) 1, 5, 25
f) 1, 2, 4, 8, 16, 32
g) 1, 2, 3, 4, 6, 9, 12, 18, 36
h) 1, 2, 4, 5, 8, 10, 20, 40

307 a) 32, 36, 40, 44, 48, 52, 56, 60 b) 35, 42, 49, 56

308 1) 480 : 2, da 2 der kleinste Divisor ist.
2) 480 : 8, da 8 der größte Divisor ist.

309 a) 60-mal c) 30-mal e) 20-mal g) 12-mal
b) 40-mal d) 24-mal f) 15-mal h) 10-mal

310 a) 12-mal 18-mal 24-mal 36-mal 54-mal 72-mal 84-mal 168-mal
b) 8-mal 12-mal 16-mal 24-mal 36-mal 48-mal 56-mal 112-mal
c) 6-mal 9-mal 12-mal 18-mal 27-mal 36-mal 42-mal 84-mal
d) 4-mal 6-mal 8-mal 12-mal 18-mal 24-mal 28-mal 56-mal

311 zB: a) 48 : 12 = 4 b) 840 : 120 = 7 c) 9 600 : 800 = 12

312

a)	b)	c)	d)	e)	
2 286	3 192	3 270	13 488	22 902	: 6
381	532	545	2 248	3 817	

313 Es sind
a) 720 €, b) 480 €, c) 360 €, d) 180 €, e) 160 €
zu bezahlen.

314 Eine Person verzehrte im Mittel 53 kg Kartoffel.

315 a) Preisnachlass: 92 €, 117 €, 147 € b) Zahlungsbetrag: 368 €, 468 €, 588 €

316 Im Geschäft B kauft man günstiger, Preis: 1 290 €; Preis im Geschäft A: 1 344 €

317 a) jeweils 2 b) jeweils 5 c) jeweils 9 d) jeweils 8
Die weiteren Divisionen entstehen aus der ersten, indem man Dividend und Divisor jeweils mit der gleichen Zahl multipliziert (a), b)) bzw. dividiert (c), d)).

318 a) 34 984 ist das 8fache von 4 373.
b) 11 943 ist das 9fache von 1 327.

319 a) 4 869 ist das 541fache von 9.
b) 9 208 ist das 1151fache von 8.

320 a) 6 462 ist durch 718 zu dividieren, um 9 zu erhalten.
b) 3 ist mit 21 902 zu multiplizieren, um 65 706 zu erhalten.

321 a) Der andere Faktor lautet 92 546.
b) Der Divisor lautet 3 816.

322 zB: a) 56 ist das Produkt der Faktoren 8 und 7.
b) 12 ist der Quotient von 108 und 9.
c) 25 ist der Quotient von 300 und 12.

323 a) 0 : 100 = 0, 100 : 1 = 100, 100 : 0 … sinnlos
b) 1 000 : 1 000 = 1, 1 000 : 1 = 1 000, 0 : 1 000 = 0
c) 0 : 1 = 0, 1 : 0 … sinnlos, 0 : 0 … sinnlos
d) 1 : 1 = 1, 1 – 1 = 0, 1 · 1 = 1

324 a) Aussage ist falsch, da 0 = 0
b) Aussage ist falsch, da 0 < 426
c) Aussage ist wahr, da 1 > 0
d) Aussage ist falsch, da 57 = 57
e) Aussage ist falsch, da 0 = 0
f) Aussage ist falsch, da 0 = 0
g) Aussage ist falsch, da 1 > 0
h) Aussage ist falsch, da 0 = 0

325

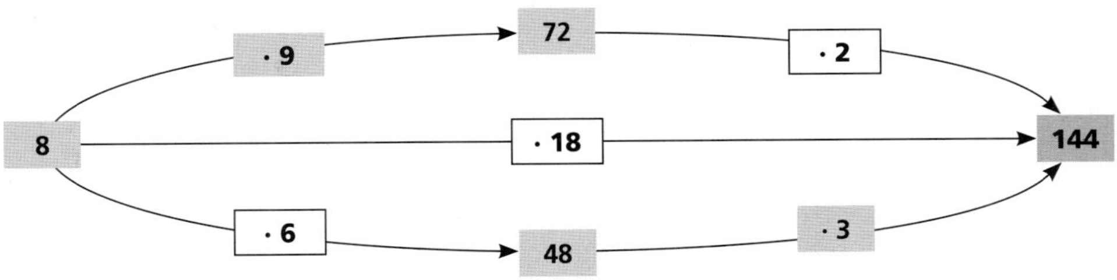

326

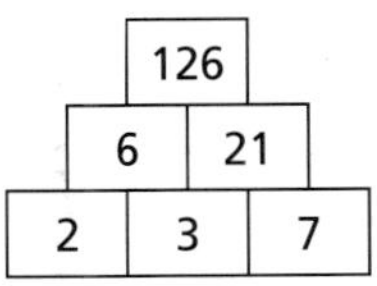

327 1) 8
2) 64 : 4 = 16; … wird verdoppelt.
3) 16 : 4 = 4; … wird halbiert.
4) 32 : 8 = 4; … wird halbiert.
5) 32 : 2 = 16; … wird verdoppelt.

328 1) 12
2) 48 : 16 = 3; … wird geviertelt.
3) 192 : 4 = 48; … wird vervierfacht.
4) 48 : 4 = 12; … bleibt gleich.
5) 192 : 16 = 12; … bleibt gleich.

329 a) 81 b) 70 c) 48 d) 80 e) 77 f) 30 g) 48 h) 60

330 a) 7 200, 720, 72
b) 9 000, 900, 90
c) 48 000, 4 800, 480
d) 50 000, 5 000, 500
e) 200 000, 20 000, 2 000
f) 460 000, 46 000, 4 600

331 a) 1 000 b) 100 c) 4 000 d) 20 000

332 a) 40 c) 40 e) 40 g) 120
b) 90 d) 190 f) 120 h) 130

333 a) 13 c) 140 e) 1 400
b) 24 d) 120 f) 1 100

334

a)	b)	c)	d)	e)	f)	
800	6 000	21 880	39 880	72 680	193 600	: 40
20	150	547	997	1 817	4 840	

335

a)	b)	c)	d)	e)	f)	
3 000	24 000	15 000	10 800	75 000	46 800	: 600
5	40	25	18	125	78	

336 Jede Person bekommt 179 €. (Teilung)

337 219 Körbe können gefüllt werden. (Messung)

338 a) 140 Stück 10-€-Scheine (Messung) c) 28 Stück 50-€-Scheine (Messung)
b) 70 Stück 20-€-Scheine (Messung)

339 a) 16 Sitzplätze (Teilung) b) 18 Sitzplätze (Teilung) c) 19 Sitzplätze (Teilung)

340 a) 24 Sitzplätze (Teilung) b) 32 Reihen (Messung)

341 a) 18 Reihen (Messung) b) 12 Reihen (Messung) c) 9 Reihen (Messung)

342 a) 64 Säcke (Messung) b) 84 Säcke (Messung) c) 106 Säcke (Messung)

343
1) Es werden 180 000 Schachteln benötigt (Messung).
2) Es werden 4 500 Paletten pro Jahr benötigt (Messung).
3) Es sind 225 LKW-Ladungen erforderlich (Messung).
4) Ja, da sowohl weniger Schachteln, Paletten als auch weniger LKW-Ladungen erforderlich sind.

344

a)	b)	c)	d)	e)	f)	
3 876	3 396	7 776	11 184	12 996	32 616	: 12
323	283	648	932	1 083	2 718	

345
a) Ü: 6 000 : 20 = 300; 253
b) Ü: 10 000 : 50 = 200; 170
c) Ü: 15 000 : 30 = 500; 632
d) Ü: 84 000 : 70 = 1 200; 1 235
e) Ü: 4 400 000 : 40 = 110 000; 105 876
f) Ü: 6 000 000 : 80 = 75 000; 72 343

346
a) Ü: 6 000 : 500 = 12; 13
b) Ü: 5 000 : 200 = 25; 23
c) Ü: 30 000 : 500 = 60; 64
d) Ü: 40 000 : 400 = 100; 94
e) Ü: 7 000 000 : 70 000 = 100; 97
f) Ü: 80 000 000 : 40 000 = 2 000; 2 008

347
a) Die Aussage ist wahr, da 48 = 48.
b) Die Aussage ist falsch, da 738 $\neq$ 728.
c) Die Aussage ist wahr, da 717 = 717.

348 a) Die Aussage ist wahr, da 523 < 524. b) Die Aussage ist falsch, da 314 < 316.

349
a) 1) 7 200 ist um 6 000 größer als 1 200. 2) 7 200 ist 6-mal so groß wie 1 200.
b) 1) 7 200 ist um 6 400 größer als 800. 2) 7 200 ist 9-mal so groß wie 800.
c) 1) 7 200 ist um 7 080 größer als 120. 2) 7 200 ist 60-mal so groß wie 120.
d) 1) 7 200 ist um 7 188 größer als 12. 2) 7 200 ist 600-mal so groß wie 12.
e) 1) 7 200 ist um 6 840 größer als 360. 2) 7 200 ist 20-mal so groß wie 360.
f) 1) 7 200 ist um 6 750 größer als 450. 2) 7 200 ist 16-mal so groß wie 450.
g) 1) 7 200 ist um 7 152 größer als 48. 2) 7 200 ist 150-mal so groß wie 48.

350
a) 1) Ihre Großmutter ist um 36 Jahre älter als ihre Mutter.
2) Ihre Mutter ist um 18 Jahre älter als ihr Bruder.
3) Ihr Bruder ist um 9 Jahre älter als sie.
b) 1) Ihre Großmutter ist doppelt so alt wie ihre Mutter.
2) Ihre Mutter ist doppelt so alt wie ihr Bruder.
3) Ihr Bruder ist doppelt so alt wie sie.

351
a) In beiden Schulen kann jeweils nur der 16. Teil aller Schülerinnen und Schüler nicht schwimmen.
b) In Schule A können 15-mal mehr Schülerinnen und Schüler schwimmen als nicht schwimmen.

352 Der Festsaal hat 24 Reihen.

353 Man kann 37 Kanister füllen.

354 Die Fahrt dauert ungefähr 5 Stunden.

355 31 boxes are needed.

356 Max should read about 21 pages each day.

357 Einnahmen im Mittel: 6 906 €, Ausgaben im Mittel: 6 349 €

358

a)

6	·	15	=	90
·		·		·
7	·	6	=	42
=		=		=
42	·	90	=	3 780

b)

4 260	:	3	=	1 420
:		·		:
5	·	2	=	10
=		=		=
852	:	6	=	142

359

1 536			
96	16		
12	8	2	
3	4	2	1

360 streichen, 9, streichen, 72, streichen

361 Unterstreiche

rot	45		60		72		36	48	66	75
grün	45		60			100				75
blau		64	60	76	72	100	36	48		

362

teilbar	a) 10	b) 15	c) 20	d) 25	e) 28	f) 30	g) 32	h) 45	i) 50
1) durch 10	ja	nein	ja	nein	nein	ja	nein	nein	ja
2) durch 2	ja	nein	ja	nein	ja	ja	ja	nein	ja
3) durch 5	ja	ja	ja	ja	nein	ja	nein	ja	ja

363 zB: 1) Eine Zahl ist durch 10 ohne Rest teilbar, wenn die Einerziffer 0 ist.
2) Eine Zahl ist durch 2 teilbar, wenn die Einerziffer 0, 2, 4, 6 oder 8 ist.
3) Eine Zahl ist durch 5 teilbar, wenn die Einerziffer 0 oder 5 ist.

364 1) zB: 8; 20; 56; 128 2) zB: 25; 33; 101; 165 3) 0; 1; 2; 3

365 a) 0, 1 b) 0, 1, 2 c) 0, 1, 2, 3, 4 d) 0, 1, 2, 3, 4, 5

366 a) 7452 c) 24380 e) 89256
b) 5690 d) 20100 f) 96181

367 1) 595 2) 37120 3) 0
zB: Multipliziert man zwei natürliche Zahlen, so ist das Ergebnis immer eine natürliche Zahl.

368 1) 20-mal, Rest 4 2) 69 3) nicht ausführbar
zB: Das Dividieren zweier natürlicher Zahlen ergibt nicht immer eine natürliche Zahl.

369 zB: $4 \cdot 6 = 24$, $12 \cdot 46 = 552$, $116 \cdot 54 = 6264$
Das Multiplizieren zweier gerader Zahlen ergibt immer eine gerade Zahl.

370 a) Ü: 600 : 20 = 30; 26 (Rest 10)
b) Ü: 800 : 40 = 20; 20 (Rest 18)
c) Ü: 3600 : 20 = 180; 156 (Rest 4)
d) Ü: 5200 : 40 = 130; 137 (Rest 3)
e) Ü: 84000 : 40 = 2100; 2186 (Rest 20)
f) Ü: 24000 : 60 = 400; 398 (Rest 6)

371 a) Ü: 600000 : 30 = 20000; 21460 (Rest 10)
b) Ü: 160000 : 40 = 4000; 4835 (Rest 30)
c) Ü: 540000 : 60 = 9000; 8765 (Rest 62)
d) Ü: 400000 : 50 = 8000; 7732 (Rest 11)
e) Ü: 440000 : 40 = 11000; 10907 (Rest 15)
f) Ü: 600000 : 40 = 15000; 14156 (Rest 23)

372 a) Ü: 8000 : 160 = 50; 54 (Rest 48)
b) Ü: 8000 : 200 = 40; 37 (Rest 36)
c) Ü: 7200 : 360 = 20; 20 (Rest 119)
d) Ü: 9000 : 200 = 45; 41 (Rest 168)
e) Ü: 16000 : 200 = 80; 87 (Rest 18)
f) Ü: 38000 : 200 = 190; 151 (Rest 19)

373 a) Ü: 96000 : 800 = 120; 119 (Rest 688)
b) Ü: 50000 : 500 = 100; 94 (Rest 78)
c) Ü: 140000 : 200 = 700; 589 (Rest 110)
d) Ü: 200000 : 500 = 400; 448 (Rest 59)
e) Ü: 350000 : 500 = 700; 709 (Rest 6)
f) Ü: 540000 : 600 = 900; 866 (Rest 448)

374 a) Ü: 130000 : 1300 = 100; 93 (Rest 92)
b) Ü: 840000 : 6000 = 140; 142 (Rest 744)
c) Ü: 4200000 : 6000 = 700; 709 (Rest 709)

375 a) Ü: 240000 : 2000 = 120; 118 (Rest 1740)
b) Ü: 810000 : 9000 = 90; 87 (Rest 5006)
c) Ü: 2800 000 : 5000 = 560; 587 (Rest 1103)

376 a) 815 : 5 = 163
b) 312 : 4 = 78
c) 531 : 9 = 59
d) 5481 : 63 = 87
e) 14580 : 45 = 324

377 Es sind dafür 143 Schachteln und 4 Säckchen nötig.

378 Es werden 113 Netze benötigt. 23 Semmeln bleiben übrig.

379 a) Man benötigt 166 Kartons. 16 Packungen Butter bleiben übrig.
b) Man benötigt 93 Kartons. 12 Dosen bleiben übrig.
c) Man benötigt 277 Kartons. 28 Schrauben bleiben übrig.
d) Man benötigt 833 Kartons. 20 Nägel bleiben übrig.

380 Man kann 234 Schachteln vollständig füllen, 6 Stifte bleiben übrig.

381 Es werden 31 Fässer voll. 5 Liter Bier bleiben übrig.

382 Man kann 13 Parzellen bilden. 260 m^2 bleiben übrig.

383 6 buses are needed.

384

a)

Birnen in kg	Preis in €
1	2
2	4
3	6
4	8
5	10

b)

Orangen in kg	Preis in €
2	2
1	1
5	5
7	7
8	8

c)

Erdbeeren in kg	Preis in €
4	12
2	6
1	3
20	60
30	90

385 a) Frau Wallner schafft 1) 60 km, 2) 120 km, 3) 240 km.
b) Sie braucht 1) 45 min, 2) 135 min = 2 h 15 min.

386 a) 3 kg Rindfleisch kosten 30 €.
b) 5 kg Rindfleisch kosten 50 €.
c) 7 kg Rindfleisch kosten 70 €.
d) 10 kg Rindfleisch kosten 100 €.

387 a) 1 kg Kalbfleisch kostet 17 €.
b) 3 kg Kalbfleisch kosten 51 €.
c) 7 kg Kalbfleisch kosten 119 €.
d) 10 kg Kalbfleisch kosten 170 €.

388 a) 1 kg Schweinefleisch kostet 7 €.
b) 2 kg Schweinefleisch kosten 14 €.
c) 7 kg Schweinefleisch kosten 49 €.
d) 10 kg Schweinefleisch kosten 70 €.

389

Masse in dag	5	6	7	8	9	10	11	12	13	14	15
Trüffelpreis in €	160	192	224	256	288	320	352	384	416	448	480

390 a) Es fließen 1) 4000 Liter, 2) 12000 Liter, 3) 24000 Liter Wasser zu.
b) In 1) 40 Minuten, 2) 60 Minuten.

391 a) Es werden 1) 300, 2) 900, 3) 150 Mineralwasserflaschen gefüllt.
b) In 1) 1 Stunde, 2) 5 Stunden.

392 Die neuen Überzüge kosten 485 €.

393 1) Die wöchentlichen Einnahmen betragen 504000 €.
2) Die monatlichen Einnahmen betragen 2160000 €.

394 1) An einem Tag schlägt das Herz ungefähr 89280-mal.
2) In einer Woche schlägt das Herz ungefähr 624960-mal.
3) In einem Monat schlägt das Herz ungefähr 2767680-mal.
4) In einem Jahr schlägt das Herz ungefähr 32587200-mal.

395 1) Michael legt in einer Woche 140 km zurück.
2) Michael legt in einem Monat 616 km zurück.
3) Michael legt in einem Jahr 5600 km zurück.

396 a) Elisabeth liest wahrscheinlich 48 Seiten in einer Stunde.
b) In 5 Minuten kann sie 4 Seiten lesen.
c) Sie wird das Buch wahrscheinlich in 7 h 30 min gelesen haben.

397 1 Liter Kerosin kostet 36 Cent.

398 a) 4428 b) 4195 c) 47010 d) 130151

399 a) 33004 b) 793160 c) 6347925 d) 18735948

400 a) 1500 c) 5500 e) 6300 g) 1040 i) 26600
b) 1160 d) 3600 f) 1350 h) 6300 j) 30600

401 a) $(2 \cdot 50) \cdot 37 = 3700$ d) $(2 \cdot 50) \cdot (25 \cdot 4) = 10000$
b) $(5 \cdot 200) \cdot 13 = 13000$ e) $(20 \cdot 5) \cdot (30 \cdot 4) = 12000$
c) $(8 \cdot 125) \cdot 7 = 7000$

402 a) 5317000 b) 4960000 c) 8170000 d) 4230000

403 a) $53 \cdot 12 = 12 \cdot 53 = 636$ d) $(12 \cdot 8) \cdot 4 = 12 \cdot (8 \cdot 4) = 384$
b) $26 \cdot 15 = 15 \cdot 26 = 390$ e) $25 \cdot (4 \cdot 5) = (25 \cdot 4) \cdot 5 = 500$
c) $13 \cdot (18 \cdot 5) = (13 \cdot 18) \cdot 5 = 1170$ f) $8 \cdot (125 \cdot 2) = (8 \cdot 125) \cdot 2 = 2000$

404

	a	b	c	a · b	b · a	(a · b) · c	b · c	a · (b · c)
a)	5	7	3	35	35	105	21	105
b)	12	5	8	60	60	480	40	480
c)	32	1	3	32	32	96	3	96

Man erkennt das Vertauschungsgesetz der Multiplikation und das Verbindungsgesetz der Multiplikation.

405 $5 \cdot 3 = 3 \cdot 5 = 15$

406 $3 \cdot (5 \cdot 4) = 5 \cdot (4 \cdot 3) = 60$

407 a) 29676 c) 0 e) 16662
b) 9545 d) 137 f) 46763

408 a) 9514 b) 97 c) 58664 d) 30

409 a) 30 b) 10 c) 0 d) 20

410 a) 26, 50, 29, 54 b) 5, 24, 131, 95 c) 25, 51, 55, 91 d) 43, 64, 23, 39
Die Ergebnisse sind verschieden.

411 a) 43, 133, 99 b) 4, 42, 112 c) 26, 96, 306 d) 74, 234, 290
Die Ergebnisse sind verschieden.

412 a) 16, 2, 6, 10 b) 43, 18, 6, 46 c) 48, 12, 4, 46
Die Ergebnisse sind verschieden.

413 a) 12, 4, 1, 36 b) 92, 126, 180, 180 c) 6, 16, 2, 72
Die Ergebnisse sind verschieden.

414 a) 196, 4, 1764, 1764 b) 1183, 7, 18928, 18928 c) 24, 96, 6, 384
Die Ergebnisse sind verschieden.

415 zB: a) $14 \cdot 3 + 5 = 47$ $14 \cdot (3 + 5) = 112$
$14 \cdot 3 - 5 = 37$ $14 \cdot 3 + 3 \cdot 5 = 57$
$(14 + 3) \cdot 5 = 85$ $14 \cdot 3 - 3 \cdot 5 = 27$
$(14 - 3) \cdot 5 = 55$ $14 + 3 \cdot 5 = 29$
b) $26 \cdot (9 + 2) = 286$, $26 + 9 \cdot 2 = 44$, usw.
c) $(9 + 10) \cdot 11 = 209$, $9 \cdot 10 - 11 = 79$, usw.

416 $1 \cdot 718 + 2 \cdot 156 + 3 \cdot 62 + 4 \cdot 39 + 5 \cdot (1000 - 718 - 156 - 62 - 39)$
Es saßen 1 497 Personen in den PKW.

417 $623 + 12 \cdot 5 + 32 \cdot 7 + 5 \cdot 47 + 4 \cdot 63 + 3 \cdot 29 + 2 \cdot 51 + 125 + 2 \cdot 112 + 368$
2 300 Personen haben die Sportveranstaltung besucht.

418 $4 \cdot 37 + 42 =$
Die Bahnstrecke Wien–Linz ist 190 km lang.

419 $1430 \cdot 7 + 260 =$
Der Arlbergtunnel ist 10 270 m lang.

420 $1 \cdot 8 + 2 \cdot 13 + 3 \cdot 5 + 4 \cdot 2 + 5 + 6 =$
Die Mannschaft erzielte 68 Tore.

421 $(510 - 260) : 25 + 2 =$
Jedes Kind muss 12 € zahlen.

422 $(817 - 409) : 12 = 34$

423 a) $(315 + 239) \cdot 29 = 16066$ b) $(453 + 198) \cdot (671 - 468) = 132153$

424 $833 \cdot 157 + (833 - 157) = 131457$

425 a) $(42 + 28) : (42 - 28) = 5$ b) $19 \cdot 15 - 128 : 16 = 277$

426 a) $288 : 12 + 112 : 14 = 32$ b) $(13 \cdot 7 + 29) : 15 = 8$

427 zB: a) $5 \cdot 5 + 5$ oder $5 + 5 \cdot 5$
b) $6 \cdot 6 - 6$
c) $3 : 3 + 3$ oder $3 + 3 : 3$
d) $7 \cdot 7 - 7$
e) $5 : 5 - 5 : 5$ oder $5 + 5 - 5 - 5$
f) $6 - 6 + 6 : 6$
g) $3 + 3 + 3 - 3$
h) $3 + 3 - 3 : 3$

428 a) false, because $55 \neq 45$
b) false, because $74 \neq 70$
c) false, because $68 \neq 49$
d) false, because $22 \neq 34$
e) true, because $26 = 26$
f) true, because $4 = 4$
g) true, because $3 = 3$
h) true, because $88 = 88$

429 a) 301, 301 b) 114, 114 c) 296, 296 d) 84, 84 e) 300, 300 f) 80, 80

430 a) 150 b) 30 c) 40 d) 688

431 a) $(22 - 13) \cdot 8 = 22 \cdot 8 - 13 \cdot 8 = 72$ b) $9 \cdot (21 + 12) = 9 \cdot 21 + 9 \cdot 12 = 297$

432 $10 \cdot 8 + 10 \cdot 5 = 10 \cdot (8 + 5) = 130$

433 a) $5 \cdot 2 + 3 \cdot 2 = (5 + 3) \cdot 2 = 16$
Der Umfang beträgt 16 cm.
b) $87 \cdot 2 + 69 \cdot 2 = (87 + 69) \cdot 2 = 312$
Der Umfang beträgt 312 mm.

434 a) $32 \cdot 10 - 32 \cdot 1 = 288$
b) $20 \cdot 3 - 1 \cdot 3 = 57$
c) $80 \cdot 6 + 1 \cdot 6 = 486$
d) $4 \cdot 50 + 4 \cdot 1 = 204$
e) $18 \cdot 100 - 18 \cdot 1 = 1782$
f) $100 \cdot 17 + 2 \cdot 17 = 1734$
g) $27 \cdot 1000 - 27 \cdot 2 = 26946$
h) $1000 \cdot 12 - 1 \cdot 12 = 11988$
i) $76 \cdot 2000 - 76 \cdot 1 = 151924$
j) $76 \cdot 2000 + 76 \cdot 1 = 152076$

435 a) $45 \cdot 12 = 45 \cdot (10 + 2) = 45 \cdot 10 + 45 \cdot 2 = 450 + 90 = 540$
b) $38 \cdot 21 = 38 \cdot (20 + 1) = 38 \cdot 20 + 38 \cdot 1 = 760 + 38 = 798$

436 zB: a) $5 \cdot 0 = 5 \cdot (3 - 3) = 5 \cdot 3 - 5 \cdot 3 = 15 - 15 = 0$
b) $20 \cdot 0 = 20 \cdot (10 - 10) = 20 \cdot 10 - 20 \cdot 10 = 200 - 200 = 0$
c) $100 \cdot 0 = 100 \cdot (5 - 5) = 100 \cdot 5 - 100 \cdot 5 = 500 - 500 = 0$
d) $1000000 \cdot 0 = 1000000 \cdot (7 - 7) = 1000000 \cdot 7 - 1000000 \cdot 7 =$
$= 7000000 - 7000000 = 0$

437

	a	b	c	b + c	a · (b + c)	a · b	a · c	a · b + a · c
a)	5	8	3	11	55	40	15	55
b)	3	11	4	15	45	33	12	45
c)	7	9	5	14	98	63	35	98
d)	6	7	10	17	102	42	60	102

438

	a	b	c	a – b	(a – b) : c	a : c	b : c	a : c – b : c
a)	21	12	3	9	3	7	4	3
b)	56	35	7	21	3	8	5	3
c)	63	27	9	36	4	7	3	4
d)	80	20	5	60	12	16	4	12

439 zB: $(12 + 15) : 3 = 12 : 3 + 15 : 3$;
$(64 - 40) : 4 = 64 : 4 - 40 : 4$;
$(77 + 99) : 11 = 77 : 11 + 99 : 11$

440 a) 280 b) 40 c) 140 d) 117 e) 96 f) 500 g) 276 h) 0 i) 897

441 a) Die Summe wird um 2 vermindert.
b) Die Summe bleibt gleich.

442 a) Die Differenz bleibt gleich.
b) Die Differenz wird um 2 vermehrt.

443 a) Das Produkt wird verneunfacht.
b) Das Produkt bleibt gleich.

444 a) Der Quotient bleibt gleich. b) Der Quotient bleibt gleich.

445 „gleichsinnig": Subtraktion, Division
„gegensinnig": Addition, Multiplikation

446 1) Die Summe wird um 21 vermehrt.
2) Die Summe wird um 21 verringert.
3) Die Summe wird verdoppelt.
4) Die Summe wird halbiert.

447 1) Die Differenz wird um 6 größer.
2) Die Differenz wird um 6 kleiner.
3) Die Differenz wird um 6 kleiner.
4) Die Differenz wird um 6 größer.

448 1) Das Produkt wird verdreifacht.
2) Das Produkt wird gedrittelt.
3) Der Quotient wird gedrittelt.
4) Der Quotient wird verdreifacht.

449 Der Gesamtweg beträgt 66 m.

450 1) Im Erdgeschoß wohnen 6 Personen, im 1. Stock wohnen 10 Personen, im 2. Stock wohnen 4 Personen und im 3. Stock wohnt eine Person.
2) Es wohnen 21 Personen im Haus.

451 Es werden a) 14, b) 35, c) 50 Reihen gesetzt.

452 a) Jedes Kind muss 14 € bezahlen.
b) Jedes Kind muss 16 € bezahlen.

453 zB: ((((110 – (<u>15</u> + 7)) + 15) + <u>15</u>) : 2 – 9) · 3 = 150

454 bis **465** Siehe Buch Seite 280!

466 a) x = 16 b) v = 74 c) y = 27 d) z = 80 e) r = 6 f) w = 11 g) a = 45 h) h = 36

467 a) b = 1 000; Probe: 3 800 = 2 800 + 1 000
b) w = 2 081; Probe: 738 + 2 081 = 2 819
c) a = 220; Probe: 140 = 220 – 80
d) c = 2 100; Probe: 2 100 – 1 200 = 900
e) y = 15; Probe: 60 = 15 · 4
f) t = 1; Probe: 17 · 1 = 17
g) b = 49, Probe 49 : 7 = 7
h) f = 108, Probe: 108 : 12 = 9

468 a) x = 8; Probe: 9 · 8 = 72
b) b = 22; Probe: 7 · 22 = 154
c) a = 7; Probe: 84 = 7 · 12
d) z = 5; Probe: 75 = 5 · 15
e) s = 126; Probe: 126 : 19 = 7
f) r = 1 944; Probe; 1 944 : 9 = 216
g) t = 800; Probe: 800 : 25 = 32
h) u = 2 000; Probe: 2 000 : 20 = 100

469 a) 4 + 2 = a, a – 4 = 2, a – 2 = 4
b) b + 10 = 40, 40 – 10 = b, 40 – b = 10
c) 14 + c = 22, 22 – 14 = c, 22 – c = 14

470 zB: **a)** Einheitsstrecke 5 mm!

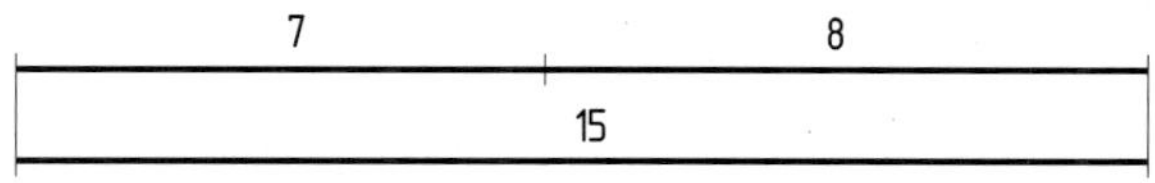

b) Einheitsstrecke 5 mm!

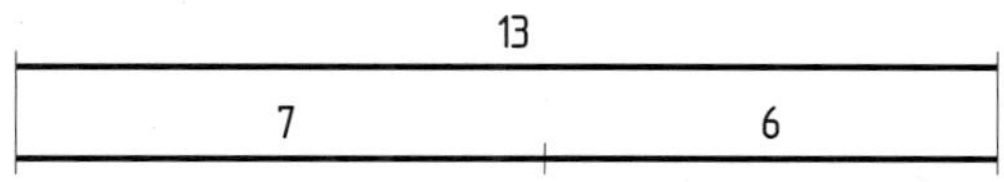

c) Einheitsstrecke 5 mm!

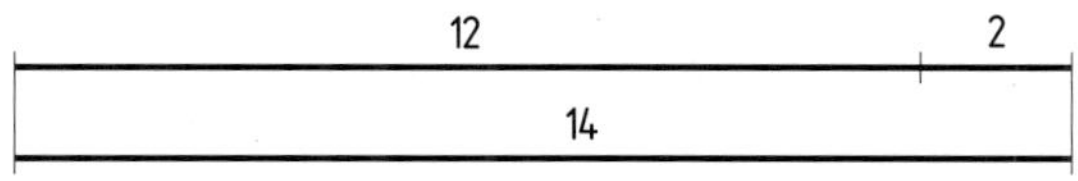

d) Einheitsstrecke 5 mm!

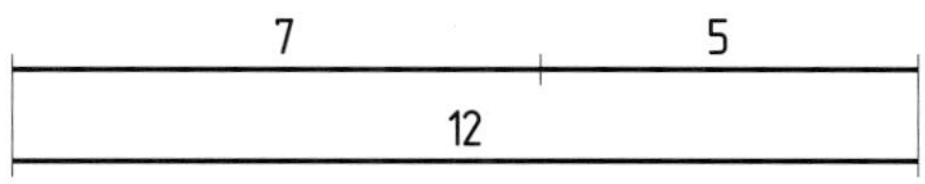

471 zB: **a)** x = 5, Einheitsstrecke 5 mm! Probe: 8 + 5 = 13

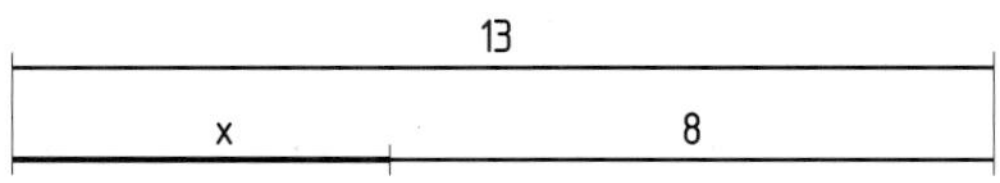

b) a = 7, Einheitsstrecke 5 mm! Probe: 7 + 5 = 12

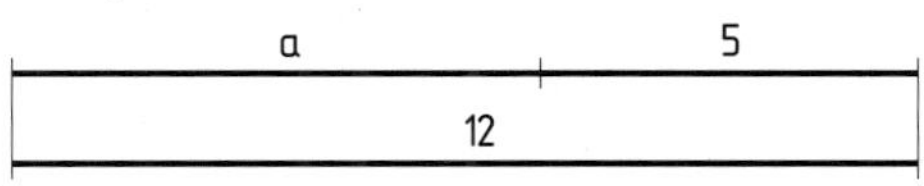

c) b = 6, Einheitsstrecke 5 mm! Probe: 11 = 5 + 6

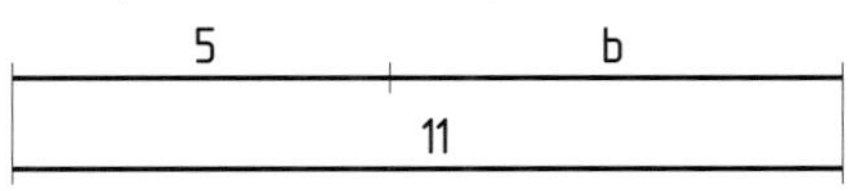

d) y = 9, Einheitsstrecke 5 mm! Probe: 15 = 9 + 6

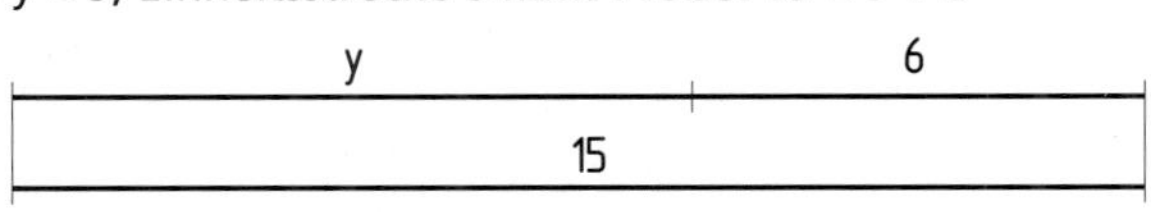

472 zB: **a)** x = 6, Einheitsstrecke 5 mm! Probe: 14 – 6 = 8

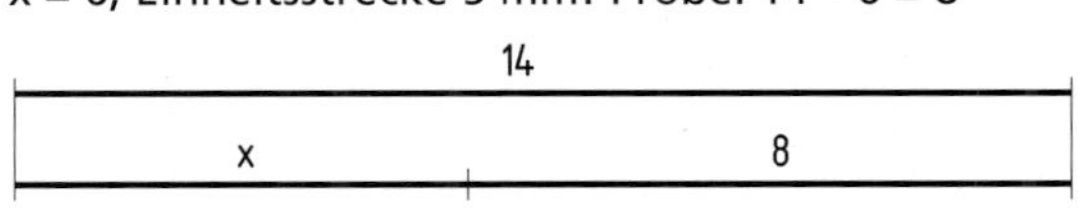

b) z = 12, Einheitsstrecke 2 mm! Probe: 16 = 28 – 12

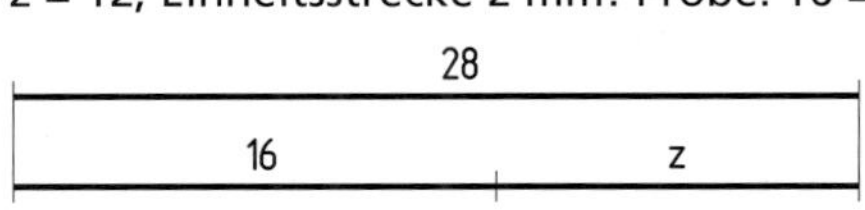

c) z = 70, Einheitsstrecke 1 mm! Probe: 70 – 25 = 45

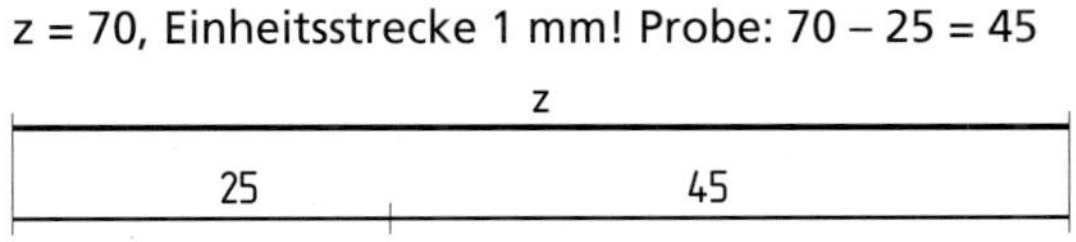

472 zB: **d)** $w = 15$, Einheitsstrecke 2 mm! Probe: $46 - 15 = 31$

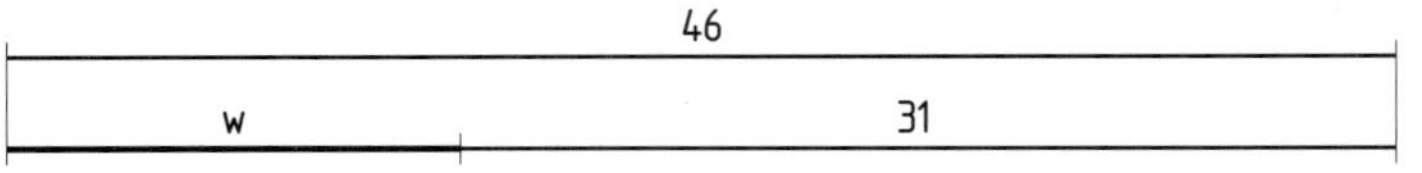

473
a) $v = 6$ **c)** $p = 18$ **e)** $y = 8$ **g)** $z = 3$
b) $s = 11$ **d)** $q = 6$ **f)** $z = 4$ **h)** $u = 7$

474
a) $x = 15$, Probe: $105 : 15 = 7$
b) $y = 13$, Probe: $117 : 13 = 9$
c) $z = 12$, Probe: $96 : 12 = 8$
d) $a = 12$, Probe: $156 : 12 = 13$

475
a) **1)** $3 + b = 30 \Rightarrow b = 27$
2) $7 + b = 30 \Rightarrow b = 23$
3) $10 + b = 30 \Rightarrow b = 20$
4) $20 + b = 30 \Rightarrow b = 10$
b) **1)** $b - 3 = 20 \Rightarrow b = 23$
2) $b - 7 = 20 \Rightarrow b = 27$
3) $b - 10 = 20 \Rightarrow b = 30$
4) $b - 20 = 20 \Rightarrow b = 40$
c) **1)** $3 - b = 2 \Rightarrow b = 1$
2) $7 - b = 2 \Rightarrow b = 5$
3) $10 - b = 2 \Rightarrow b = 8$
4) $20 - b = 2 \Rightarrow b = 18$
d) **1)** $40 = b - 3 \Rightarrow b = 43$
2) $40 = b - 7 \Rightarrow b = 47$
3) $40 = b - 10 \Rightarrow b = 50$
4) $40 = b - 20 \Rightarrow b = 60$

476
a) **1)** $15 + y = 60 \Rightarrow y = 45$
2) $8 + y = 60 \Rightarrow y = 52$
3) $25 + y = 60 \Rightarrow y = 35$
4) $3 + y = 60 \Rightarrow y = 57$
b) **1)** $y - 15 = 18 \Rightarrow y = 33$
2) $y - 8 = 18 \Rightarrow y = 26$
3) $y - 25 = 18 \Rightarrow y = 43$
4) $y - 3 = 18 \Rightarrow y = 21$
c) **1)** $15 - y = 3 \Rightarrow y = 12$
2) $8 - y = 3 \Rightarrow y = 5$
3) $25 - y = 3 \Rightarrow y = 22$
4) $3 - y = 3 \Rightarrow y = 0$
d) **1)** $25 = y - 15 \Rightarrow y = 40$
2) $25 = y - 8 \Rightarrow y = 33$
3) $25 = y - 25 \Rightarrow y = 50$
4) $25 = y - 3 \Rightarrow y = 28$

477
a) $8 + 4 = 3 \cdot v \Rightarrow v = 4$
b) $v - 7 = 8 + 26 \Rightarrow v = 41$
c) $2 \cdot 8 + 9 = 5 \cdot v \Rightarrow v = 5$

478
a) $a = 1$ **d)** $v = 8$ **g)** $c = 53$ **j)** $s = 8$
b) $b = 3$ **e)** $u = 23$ **h)** $u = 14$ **k)** $z = 5$
c) $x = 10$ **f)** $y = 21$ **i)** $b = 11$ **l)** $a = 11$

479
a) $v = 0$ **b)** $y = 11$ **c)** $k = 1$

480
a) $11 + 19 = 30$
$11 + z + 19 + z = 30 + 2z$
Die Summe vermehrt sich um 2z.
b) $17 - 9 = 8$
$17 + z - (9 + z) = 17 + z - 9 - z = 8$
Die Differenz bleibt gleich.

481
a) $a = b + c$ bzw. $a - c = b$
b) $a = b \cdot c$ bzw. $a : c = b$

482
1) $a + b + c$ **2)** $5 + 8 + 13 = 26$

483
a) $p = s - q - r$; $q = s - p - r$; $r = s - p - q$; $s = p + q + r$
b) $p = r + s - q$; $q = r + s - p$; $r = p + q - s$; $s = p + q - r$

484 a) x – (y + z) b) x – (y + z + u) c) (x + z) – (y + u) d) (x + z + v) – (y + u)

485 a) N = 1 590 € c) A = 530 € e) B = 2 710 €
b) N = 820 € d) A = 1 760 € f) B = 1 800 €

486 a) 1) 37 kg 2) 40 kg 3) 41 kg
b) 1) 44 kg 2) 43 kg 3) 40 kg; N = B – T
c) 3 kg; T = B – N

487 a) H = G + S
b) 1) 52 € 2) 48 € 3) 42 €; S = H – G
c) 29 €; G = H – S

488 a) P = E – U
b) U = E – P
Man erhält die Anzahl U der Urlauber, indem man die Anzahl P der Daheimgebliebenen von der Anzahl E der Einwohner subtrahiert.
c) E = P + U
Man erhält die Einwohnerzahl E, indem man die Anzahl P der Daheimgebliebenen und die Anzahl U der Urlauber addiert.

489 a) P = E + J
b) 2 Erwachsene zahlen 70 €.
100 Erwachsene zahlen 3 500 €.
1 000 Erwachsene zahlen 35 000 €.
E Erwachsene zahlen (E · 35) €.
c) Insgesamt werden 161 164 € eingenommen.

490 zB: a) 19 + x = 26 ⇒ x = 7
7 muss zu 19 addiert werden, um 26 zu erhalten.
Einheitsstrecke 3 mm!

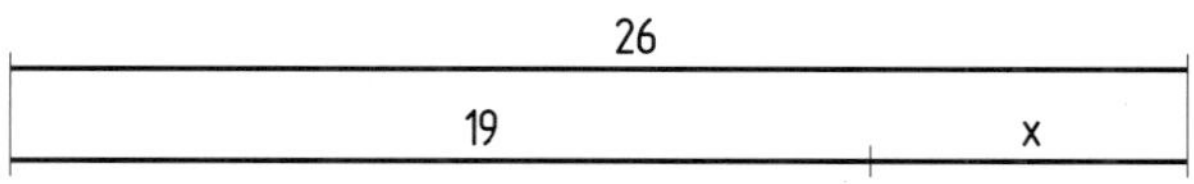

b) x – 27 = 41 ⇒ x = 68
27 muss von 68 subtrahiert werden, um 41 zu erhalten.
Einheitsstrecke 1 mm!

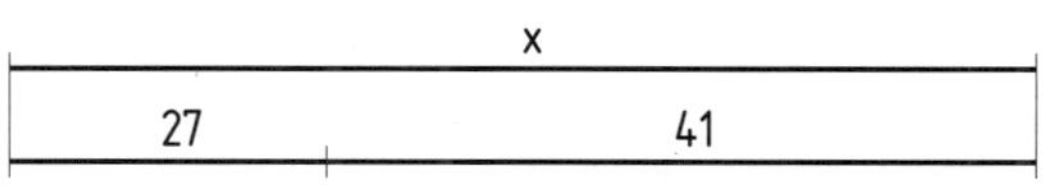

c) 280 – z = 190 ⇒ z = 90
90 muss von 280 subtrahiert werden, um 190 zu erhalten.
Wähle für die Zahl 10 eine Strecke der Länge 2 mm!

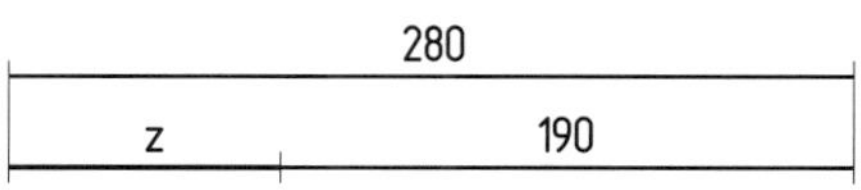

490 zB: d) $90 + z = 370 \Rightarrow z = 280$
280 muss zu 90 addiert werden, um 370 zu erhalten.
Wähle für die Zahl 10 eine Strecke der Länge 1 mm!

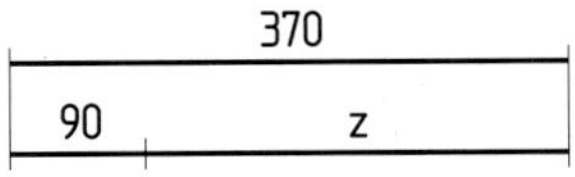

491 a) $13 + z = 29 \Rightarrow z = 16$
13 muss man um 16 vermehren, um 29 zu erhalten.
b) $37 - z = 8 \Rightarrow z = 29$
37 muss man um 29 vermindern, um 8 zu erhalten.

492 Der andere Summand lautet
a) 6 118, b) 5 026, c) 1 472

493 a) $a \cdot 6 = 162 \Rightarrow a = 27$
162 ist das 6fache von 27.
b) $b \cdot 9 = 162 \Rightarrow b = 18$
162 ist das 6fache von 18.

494 a) $11 \cdot x = 55 \Rightarrow x = 5$
11 muss man mit 5 multiplizieren, um 55 zu erhalten.
b) $144 : x = 24 \Rightarrow x = 6$
144 muss man durch 6 dividieren, um 24 zu erhalten.
c) $3 \cdot x + 8 = 23 \Rightarrow x = 5$
Die Zahl heißt 5.

495 a) $a \cdot 8 = 792 \Rightarrow a = 99$
Der andere Faktor heißt 99.
b) $b \cdot 9 = 792 \Rightarrow b = 88$
Der andere Faktor heißt 88.
c) $c \cdot 12 = 792 \Rightarrow c = 66$
Der andere Faktor heißt 66.

496 a) $x = 26$ b) $x = 26$ c) $x = 4$ d) $x = 4$

497 Die Zahl heißt
a) 3 b) 7 c) 24 d) 139

498 Die Zahl heißt
a) 4 b) 25 c) 49 d) 84

499 Die Zahl m lautet
a) 17 b) 26 c) 50 d) 80

500 a) Der Gesamtfahrpreis beträgt mindestens 15 € und höchstens 30 €.
b) Der Gesamtfahrpreis beträgt mindestens 49 € und höchstens 77 €.

501 Er hätte noch höchstens 15 Minuten ausbleiben dürfen.

502 Die Masse des Goldhamsters liegt zwischen 150 g und 200 g.

503 a) $L = \{0, 1, 2, 3, 4, 5, 6, 7\}$
b) $L = \{0, 1, 2, 3, 4, 5, 6, 7\}$
c) $L = \{0, 1, 2, 3, 4, 5, 6\}$
d) $L = \{11, 12, 13, \ldots\}$
e) $L = \{10, 11, 12, \ldots\}$
f) $L = \{1, 2, 3, \ldots\}$

504 **a) 1)** L = {4, 5, 6, 7, 8, 9}

2)

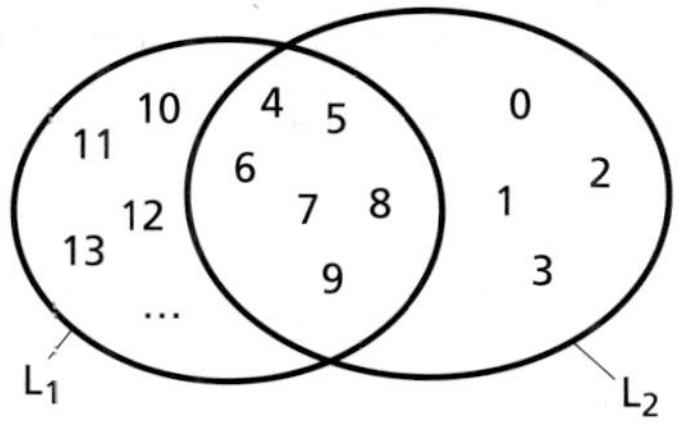

b) 1) L = {6, 7, 8, 9, 10, 11}

2)

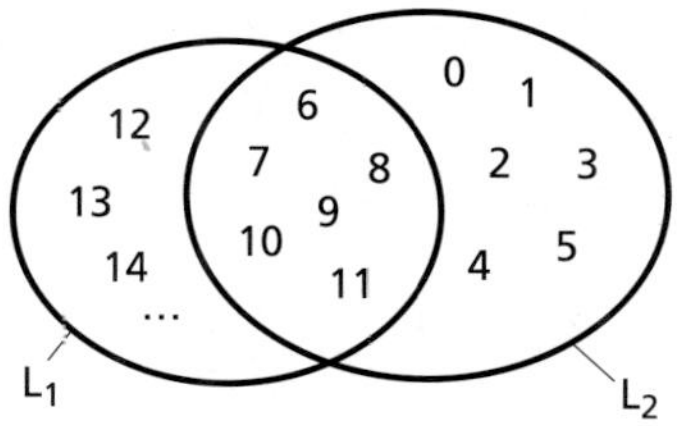

c) 1) L = {10, 11, 12, 13, 14}

2)

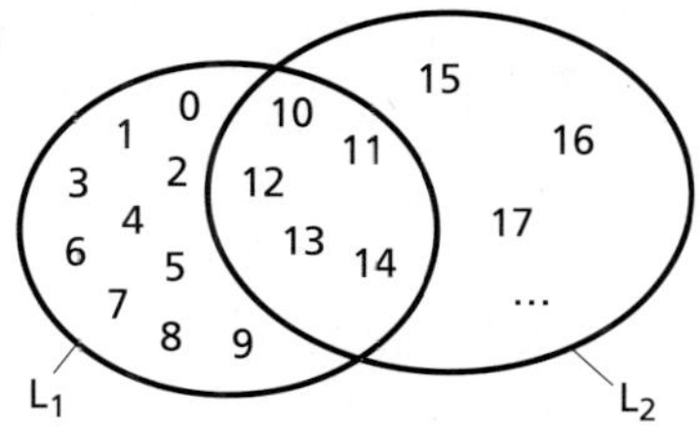

d) 1) L = {}

2)

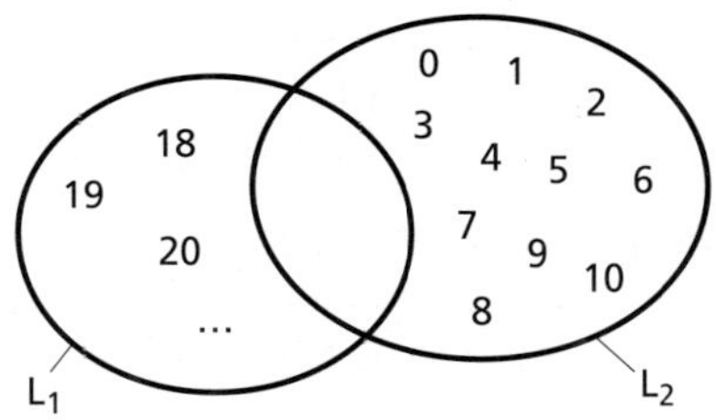

e) 1) L = {20, 21, 22, 23, 24, 25, 26, 27, 28, 29, 30}

2)

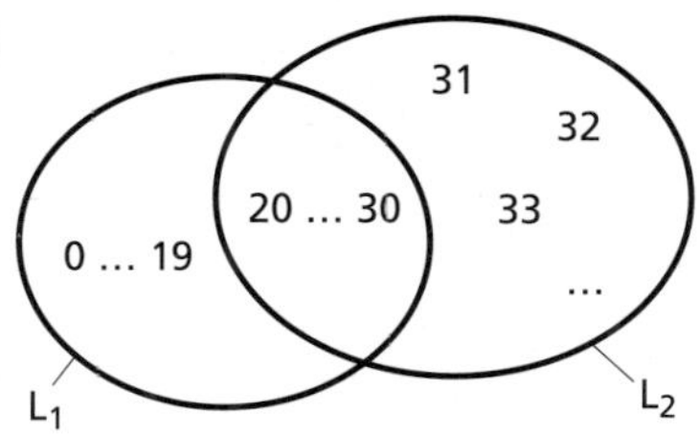

f) 1) L = {}

2)

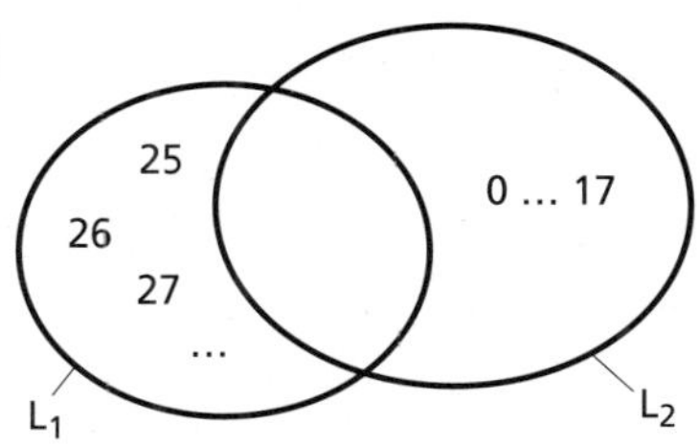

505 **1)** L = {0, 1, 2, 3, 4, 5, 6, 7, 8, 9, 10, 11, 12, 13, 14}
2) L = {8, 9, 10,…}
3) L = {8, 9, 10, 11, 12, 13, 14}

506

a) $r > 8, r \leqslant 17$
$L = \{9, 10, \ldots, 16, 17\}$

b) $s \geqslant 0, s < 8$
$L = \{0, 1, 2, \ldots, 6, 7\}$

c) $t \geqslant 7, t \leqslant 17$
$L = \{7, 8, 9, \ldots, 16, 17\}$

d) $u > 50, u < 100$
$L = \{51, 52, 53, \ldots, 98, 99\}$

e) $v > 17, v \leqslant 29$
$L = \{18, 19, 20, \ldots, 28, 29\}$

f) $w \geqslant 29, w \leqslant 41$
$L = \{29, 30, 31, \ldots, 40, 41\}$

507

a) $0 < a \leqslant 5$
$L = \{1, 2, 3, 4, 5\}$

b) $15 \leqslant b \leqslant 24$
$L = \{15, 16, 17, \ldots, 23, 24\}$

c) $18 < c \leqslant 35$
$L = \{19, 20, 21, \ldots, 34, 35\}$

d) $35 < d \leqslant 42$
$L = \{36, 37, 38, 39, 40, 41, 42\}$

508

A: $x \leqslant 30$, B: $x \geqslant 30$, C: $x < 30$, D: $x > 30$

509

a) $L = \{0, 1, 2, 3, 4, 5, 6, 7, 8, 9, 10, 11\}$
b) $L = \{19, 20, 21, 22, 23, 24, 25, 26, 27, 28\}$
c) $L = \{5, 6, 7, 8, 9, 10, 11, 12, 13, 14, 15, 16, 17\}$

510

a) $317 < 316$, falsch
b) $14 = 14$, wahr
c) $128 \leqslant 98$, falsch
d) $543 \leqslant 546$, wahr

511

a) $u \leqslant 30$; $L = \{0, 1, 2, 3, \ldots, 28, 29, 30\}$
b) $w < 20$; $L = \{0, 1, 2, 3, \ldots, 17, 18, 19\}$
c) $v \geqslant 34$; $L = \{v \in \mathbb{N} \mid v \geqslant 34\} = \{34, 35, 36, \ldots\}$
d) $s > 40$; $L = \{s \in \mathbb{N} \mid s > 40\} = \{41, 42, 43, \ldots\}$
e) $t \leqslant 24$; $L = \{0, 1, 2, 3, \ldots, 22, 23, 24\}$

512

a) $y < 17$, $L = \{0, 1, 2, \ldots 14, 15, 16\}$
b) $z \geqslant 17$, $L = \{17, 18, 19, \ldots\}$
c) $z \geqslant 12$, $L = \{12, 13, 14, \ldots\}$
d) $y < 16$, $L = \{0, 1, 2, \ldots 13, 14, 15\}$
e) $x \leqslant 9$, $L = \{0, 1, 2, 3, 4, 5, 6, 7, 8, 9\}$
f) $m < 15$, $L = \{0, 1, 2, 3, \ldots 12, 13, 14\}$
g) $n > 17$, $L = \{18, 19, 20 \ldots\}$
h) $x \geqslant 0$, $L = \mathbb{N} = \{0, 1, 2, 3, \ldots\}$

513

kleinstmögliche Summe: 3
größtmögliche Summe: 12

514

a) $39 < x < 48$, $L = \{40, 41, 42, 43, 44, 45, 46, 47\}$
b) $x > 48, x < 39$, $L = \{\}$

515

a) $16 < x < 32$, $L = \{18, 20, 22, 24, 26, 28, 30\}$
b) $12 < x < 21$, $L = \{13, 15, 17, 19\}$

516

$A = \{5, 6, 7, \ldots\}$ $B = \{0, 1, 2, \ldots, 10, 11\}$
$A \cap B = \{5, 6, 7, 8, 9, 10, 11\}$

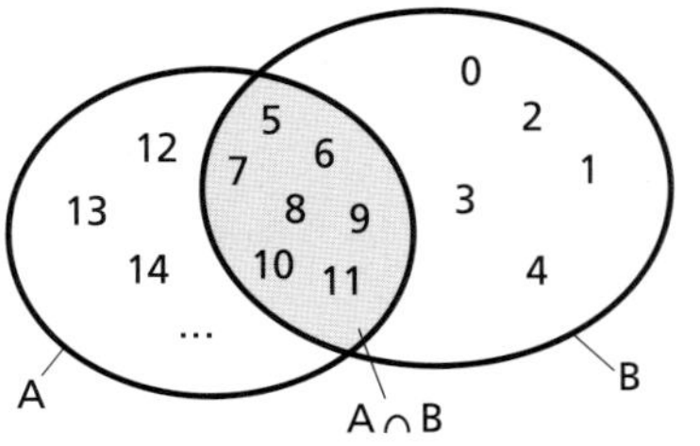

517 A = {1, 3, 5, 7, 9, 11} B = {1, 3, 5, 7, 9, 11, 13, 15, 17}
A ∩ B = {1, 3, 5, 7, 9, 11} = A

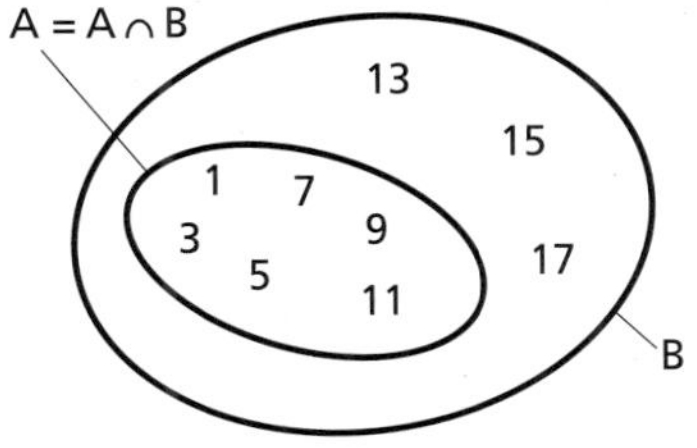

518 A = {20, 24, 28, 32} B = {18, 24, 30, 36}
A ∩ B = {24}

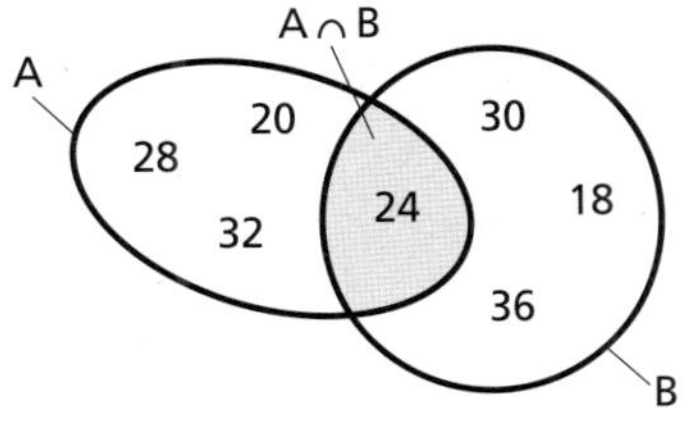

519 **a)** A ∩ B = {}

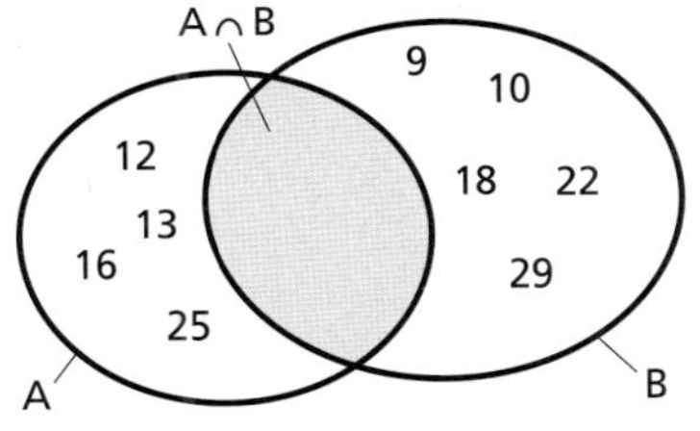

b) A ∩ B = {8, 17, 25} = B

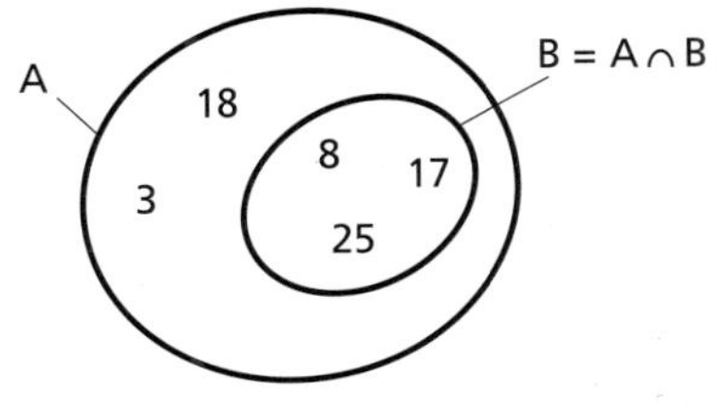

520 A ∩ B = {12, 24, 36}

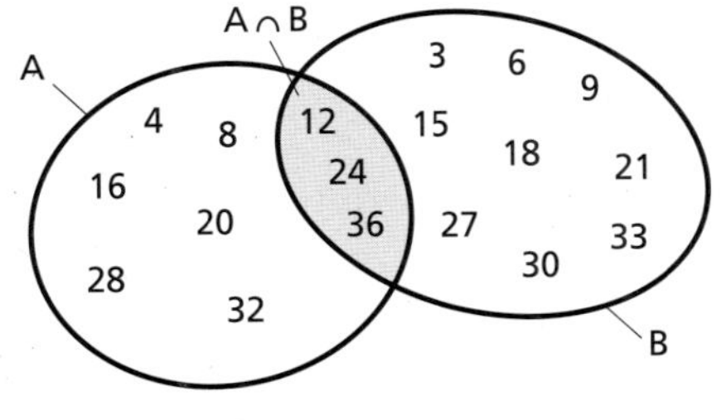

521 a) 12 · x = 84 ⇒ x = 7 Man muss mit 7 multiplizieren.
b) 144 : x = 9 ⇒ x = 16 Man muss durch 16 dividieren.
c) 3 · x + 7 = 43 ⇒ x = 12 Die Zahl heißt 12.

522 5 · x + 10 = 7 · x – 22 ⇒ x = 16
Ein Basketball kostet 16 €.

523 2 · x = x + 24 ⇒ x = 24
Ignaz Igel hat 24 Äpfel aufgehoben.

524 bis **530** Siehe Buch Seite 280!

531

H	Z	E	,	z	h	t	zt	ht	m
	1	7	,	4					
2	1	6	,	1	8				
		6	,	5	0	3			
	2	7	,	0	1	5			
	2	3	,	0	6	1			
6	1	7	,	0	0	4			
	1	0	,	6	0	8			
2	1	2	,	0	9	7			

a) 17,4 = 1 Z 7 E 4 z
b) 216,18 = 2 H 1 Z 6 E 1 z 8 h
c) 6,503 = 6 E 5 z 3 t
d) 27,015 = 2 Z 7 E 1 h 5 t
e) 23,061 = 2 Z 3 E 6 h 1 t
f) 617,004 = 6 H 1 Z 7 E 4 t
g) 10,608 = 1 Z 6 z 8 t
h) 212,097 = 2 H 1 Z 2 E 9 h 7 t

532

H	Z	E	,	z	h	t	zt	ht	m
		0	,	0	3	0	6		
3	1	2	,	0	0	6	3		
		2	,	7	0	8	3	1	
		0	,	0	0	7	0	8	
	2	3	,	4	5	1	0	8	3
4	5	2	,	0	0	7	7	8	
		1	,	0	0	3	2	6	
		6	,	1	0	4	0	7	5

a) 0,030 6 = 3 h 6 zt
b) 312,006 3 = 3 H 1 Z 2 E 6 t 3 zt
c) 2,708 31 = 2 E 7 z 8 t 3 zt 1 ht
d) 0,007 08 = 7 t 8 ht
e) 23,451 083 = 2 Z 3 E 4 z 5 h 1 t 8 ht 3 m
f) 452,007 78 = 4 H 5 Z 2 E 7 t 7 zt 8 ht
g) 1,003 26 = 1 E 3 t 2 zt 6 ht
h) 6,104 075 = 6 E 1 z 4 t 7 ht 5 m

533 a) Z b) z c) t d) h e) ht

534 a) 0,3 = 0,300 b) 0,5 = 0,500 c) 14,0 = 14 d) 25,1 = 25, 10

535 a) 2,3 b) 5,05 c) 10,2 d) 8,05 e) 7,23 f) 5,45 g) 8,034 h) 9,203

536 a) 50,302 b) 80,024 c) 20,034 d) 20,605 e) 0,043 f) 0,405 g) 0,072 3 h) 0,080 24

537 4,65

538 The 9 stands for 9 ones.
The 3 stands for 3 tenths.
The 7 stands for 7 hundredths.
The 8 stands for 8 thousandths.

539

a)	b)	c)	d)
25 h	7,04 E	35 z	12,4 z
250 t	70,4 z	840 h	1 230 h
2 500 zt	704 h	500 t	3 080 t

540 a) 68 aufgerundet
b) 65 abgerundet
c) 39 abgerundet
d) 89 aufgerundet
e) 127 aufgerundet
f) 149 abgerundet
g) 20 aufgerundet
h) 100 aufgerundet
i) 1 aufgerundet
j) 0 abgerundet

541 a) 2.3 b) 0.7 c) 14.4 d) 1.6 e) 6.0

542 a) 12.37 b) 234.99 c) 1.23 d) 12.30 e) 0.55

543

	a)	b)	c)	d)	e)	f)	g)	h)	i)	j)
1)	11	12	15	9	1	1	2	0	0	0
2)	11,2	12,4	15,4	8,5	0,8	1,0	1,5	0,4	0,4	0,4
3)	11,25	12,36	15,45	8,51	0,79	1,05	1,55	0,44	0,40	0,44

544 a) 1 € 20 c
b) 4 € 30 c
c) 17 € 55 c
d) 12 € 38 c
e) 10 € 75 c
f) 12 € 2 c
g) 40 € 95 c
h) 50 € 5 c
i) 82 € 40 c
j) 25 € 30 c
k) 1 € 50 c
i) 80 c

545 a) 1 200 c
b) 1 800 c
c) 785 c
d) 416 c
e) 55 c
f) 18 c
g) 908 c
h) 1 104 c
i) 840 c
j) 750 c
k) 40 c
l) 20 c

546 a) 2,78 €
b) 3,14 €
c) 3,50 €
d) 8,20 €
e) 23,40 €
f) 52,10 €
g) 9,99 €
h) 10,01 €
i) 0,75 €
j) 0,34 €
k) 0,08 €
l) 0,05 €

547 a) 18 € b) 9 € c) 24 € d) 27 € e) 0 €

548 a) 3 € 48 c b) 1 € 10 c c) 1 € 52 c d) 16 € 35 c

549 zB: 1) 1 kg Brot: 2,79 € = 2 € 79 c
1 kg Mehl: 0,95 € = 95 c
1 kg Äpfel: 1,99 € = 1 € 99 c
1 Liter Milch: 0,99 € = 99 c
$\frac{1}{4}$ kg Butter 1,19 € = 1 € 19 c
2) Solche Preise wirken niedriger, als sie sind.

550 1) $\overline{AB}$ = 2,6 cm; $\overline{CD}$ = 1,8 cm; $\overline{EF}$ = 3,2 cm; $\overline{GH}$ = 1,6 cm
2) $\overline{AB}$ = 2 cm 6 mm; $\overline{CD}$ = 1 cm 8 mm; $\overline{EF}$ = 3 cm 2 mm; $\overline{GH}$ = 1 cm 6 mm

551 a) 31,8 cm b) 1,9 cm c) 5,2 cm d) 20,8 cm e) 0,3 cm

552 a) 1 cm 8 mm b) 7 cm 2 mm c) 12 cm 1 mm d) 17 cm 9 mm e) 19 cm 2 mm

553 a) 2,3 m c) 1,49 m e) 6,004 m g) 0,9 m i) 0,012 m
b) 3,02 m d) 9,023 m f) 0,201 m h) 0,05 m j) 0,004 m

554 a) 7 m 1 dm 4 mm e) 5 cm 4 mm h) 2 m 5 cm
b) 3 cm 9 mm f) 3 m 8 cm 6 mm i) 6 dm 7 cm 3 mm
c) 9 dm 4 cm 6 mm g) 2 m 5 dm j) 1 m 7 mm
d) 3 m 8 dm 2 mm

555 zB: a) 1) l = 2 dm 6 cm; b = 1 dm 9 cm; d = 1 cm 2 mm
2) l = 26 cm; b = 19 cm; d = 1,2 cm
b) 1) l = 2 dm 9 cm 7 mm; b = 2 dm 1 cm
2) l = 29,7 cm; b = 21 cm
c) 1) l = 1 m 2 dm; b = 7 dm 3 cm; h = 8 cm 5 cm 5 mm
2) l = 1,2 m; b = 0,73 m; h = 0,855 m

556 a) Basketballkorb: normale Höhe: 3 m 5 cm; Minikorb: 2 m 5 dm
b) Fussballtor: 2 m 4 dm 4 cm hoch; 7 m 3 dm 2 cm breit

557 a) 1 Klafter = 1 m 8 dm 2 cm 9 mm
1 Wiener Tuchelle = 7 dm 7 cm 6 mm
1 Spanne = 2 dm 2 cm 9 mm
b) Klafter: 1,7 m – 2,91 m bzw. 1 m 7 dm – 2 m 9 dm 1 cm
Elle: 0,55 m – 1,14 m bzw. 5 dm 5 cm – 1 m 1 dm 4 cm
Spanne: 0,22 m – 0,29 m bzw. 2 dm 2 cm – 2 dm 9 cm

558 a) 42 km 195 m
b) Marathonlauf: längster olympischer Laufwettbewerb; er ist seit 1896 olympische Disziplin und geht auf die Legende des Läufers von Marathon zurück.

559 a) 3,129 km c) 5,490 km e) 4,923 km g) 3,040 km i) 0,003 km
b) 6,048 km d) 7,060 km f) 0,750 km h) 0,079 km j) 0,304 km

560 a) 5 649 m c) 3 m e) 1 203 m g) 301 m i) 2 060 m
b) 400 m d) 50 m f) 45 m h) 600 m j) 7 609 m

561 a) 7 m, 5 m, 1 m, 7 m, 3 m
b) 7 cm, 0 cm, 38 cm, 290 cm, 34 cm

K **562** Verwende zB eine Küchenwaage.

563 Nein, der Gewinn wäre 412,5 kg schwer.

564 a) 0,17 kg d) 5,06 kg g) 0,125 kg j) 4,097 kg
b) 0,05 kg e) 1,075 kg h) 3,007 kg
c) 1,19 kg f) 0,086 kg i) 0,032 kg

565 a) 28 kg 50 dag c) 10 dag 6 g e) 42 dag 6 g
b) 1 kg 36 dag 5 g d) 4 dag 8 g f) 8 dag 5 g

566 a) 6,84 t c) 1,294 t e) 1,65 t g) 6,04 t i) 0,417 t
b) 14,06 t d) 0,003 t f) 14,6 t h) 7,008 t j) 0,022 t

567 a) 5 t 540 kg c) 32 t 600 kg e) 598 t 300 kg
b) 1 t 25 kg d) 136 t 400 kg f) 21 t 383 kg

568 1) 1 kg 60 dag, 7 dag 5 g, 14 dag, 17 dag 5 g, 5 dag 2 g, 45 dag
2) Strauß, Kaiserpinguin, Graugans, Steinadler, Uhu, Haushuhn.

569 a) 735 kg b) 452 dag c) 123 g d) 789 g e) 8 500 kg

570 a) 1) 4 kg 2) 1 kg 3) 5 kg 4) 24 kg 5) 8 kg
b) 1) 2 g 2) 8 g 3) 1 g 4) 6 g 5) 6 g

571 zB: a) Einheitsstrecke 1 cm!

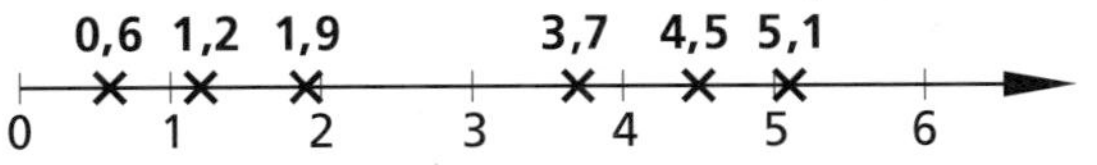

b) Einheitsstrecke 1 cm!

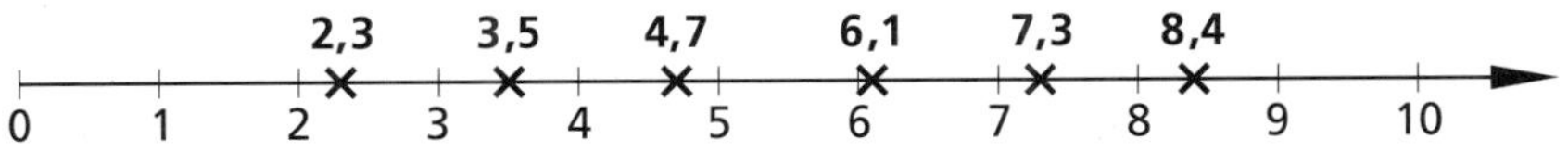

c) Einheitsstrecke 100 mm!

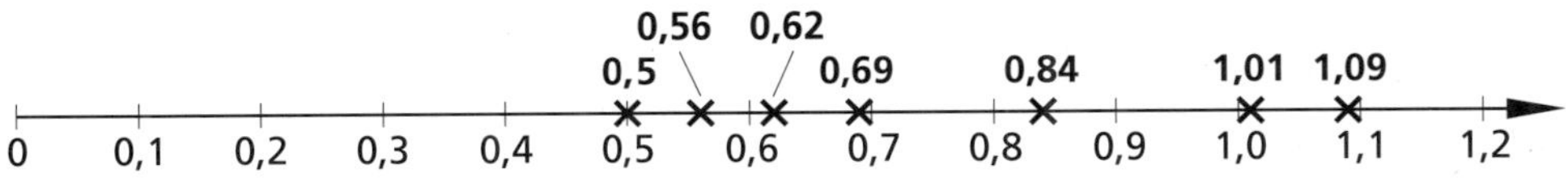

d) Einheitsstrecke 100 mm!

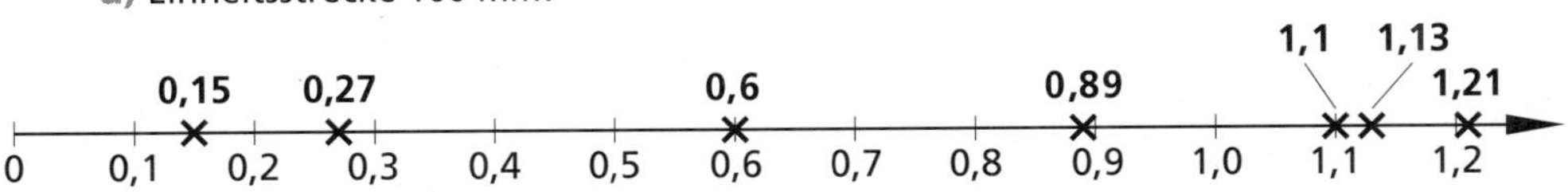

572 a) 0,7; 1,5; 2,9; 3,2; 4,7; 5,8; 6,7; 7,4
b) 0,02; 0,06; 0,14; 0,21; 0,29; 0,38; 0,45; 0,54; 0,61; 0,67

573 a) 2,6 > 2,59 b) 0,45 < 0,5 c) 0,19 > 0,189 d) 2,71 < 2,712
9,9 > 9,89 6,61 > 6,6 5,16 > 5,099 0,064 > 0,0639

574 a) 2,56 < 2,58 < 2,6 < 2,65
b) 0,09 < 0,098 < 0,1 < 0,101
c) 5,006 < 5,06 < 5,066 < 5,6

575 a) 0.05 < 0.5 < 0.55 < 5.5
b) 2.01 < 2.1 < 20.01 < 20.1
c) 0.01 < 0.09 < 0.10 < 0.11

576 A FROGSANDWICH

577 a) 7 < 7,7 < 8 e) 1 < 1,111 < 2 h) 99 < 99,101 < 100
b) 5 < 5,9 < 6 f) 9 < 9,999 < 10 i) 7 < 7,09 < 8
c) 2 < 2,78 < 3 g) 100 < 100,99 < 101 j) 0 < 0,1 < 1
d) 8 < 8,78 < 9

578 zB: a) 5,01; 5,66; 5,93 e) 3,192; 3,1935; 3,198
b) 2,103; 2,14; 2,195 f) 6,9901; 6,992; 6,999
c) 1,73; 1,751; 1,7599 g) 3,724; 3,725; 3,7263
d) 2,8301; 2,84; 2,847 h) 9,0041; 9,005; 9,0059

579 a) 2,5 c) 1,715 e) 4,505 g) 4,35
b) 2,2 d) 2,355 f) 3,615 h) 2,75

580 a) Diese Zahl hat 2893 Stellen.
b) 5 steht an der 100. Stelle nach dem Komma.
3 steht an der 1000. Stelle nach dem Komma.

581 a) richtig
richtig
falsch, denn es wurde auf h gerundet: 0,5078 ≈ 0,508
falsch, denn es wurde falsch auf h gerundet: 0,5007 ≈ 0,501
richtig
falsch, denn es wurden die zt um 1 erhöht: 0,5007 ≈ 0,501
b) falsch, denn es wurden die zt um 1 erhöht: 1,2078 ≈ 1,208
falsch, denn es wurde falsch auf t gerundet: 1,2075 ≈ 1,208
richtig
richtig
richtig
falsch, denn es wurde falsch auf t gerundet: 1,2014 ≈ 1,201

582 zB: a) 15,59; 15,581; 15,63; 15,6123
b) 7,17; 7,184; 7,24; 7,213
c) 4,98; 4,95; 5,01, 5,045
d) 199,95; 199,99; 200,03; 200,049
e) 0,29; 0,254; 0,32; 0,326
f) 0,276; 0,278; 0,281; 0,2809
g) 0,4035; 0,40371; 0,4044; 0,40406
h) 8,996; 8,999, 9,001; 9,0019

583 4,0059 < 4,006 < 4,06 < 4,6 < 4,61

584 a) 0,024 km < 250 dm < 2640 cm < 27,3 m < 0,05 km
b) 0,001 t < 2,9 kg < 0,003 t < 3050 g < 310 dag

585 a) 0,531 m, 0,09 m, 4,012 m
b) 8,015 t, 0,77 kg, 3,012 kg

586 a) 7 kg 3 dag 8 g
b) 4 kg 32 dag 4 g
c) 9 t 590 kg
d) 1 km 500 m
e) 2 m 6 dm 1 mm
f) 31 m 5 cm

587 a) 5,007 kg = 5007 g, 5 kg 70 g = 5,070 kg
b) 634,5 cm = 6345 mm, 6,345 km = 63450 dm

588 243500 m = 234,5 km, 1999 c = 19,99 €, 1200 s = 20 min, 6150 mm = 6,15 m,
158200 dag = 1582 kg

589 falsch, 6 m 6 cm = 6,06 cm
falsch, 21 cm 21 mm = 23,1 cm
richtig
richtig
falsch, 8 km 18 m = 8,018 km
falsch, 18 dm = 1,8 m
falsch, 670 mm = 0,67 m
richtig

590 bis **602** Siehe Buch Seite 280!

603 a) 7; 7,8; 8,6; 9,4; 10,2; 11; 11,8; 12,6; 13,4; 14,2; 15; 15,8; 16,6; 17,4
b) 4; 4,3; 4,6; 4,9; 5,2; 5,5; 5,8; 6,1; 6,4; 6,7; 7; 7,3; 7,6; 7,9; 8,2
c) 7; 8,3; 9,6; 10,9; 12,2; 13,5; 14,8; 16,1; 17,4; 18,7; 20
d) 14; 17,2; 20,4; 23,6; 26,8; 30; 33,2; 36,4; 39,6; 42,8
e) 2; 2,33; 2,66; 2,99; 3,32; 3,65; 3,98; 4,31; 4,64; 4,97; 5,3

604 a) 2.5, 3.3, 4.1 c) 5.47, 5.44, 5.41
b) 4.7, 3.6, 2.5 d) 7.38, 7.43, 7.48

605 a) 7 b) 11,2 c) 14,1 d) 19,9

606 a) 19 b) 35,2

607 a) 23,04 b) 78,245 c) 417,607 d) 21,096

608 The result is 124.91.

609

a)	b)	c)	d)
1) 3289,725	1) 4656,613	1) 4,0870	1) 201,6806
2) 27,68	2) 27,3	2) 0,641	2) 176,2
2581,1	4072,537	0,0427	17,403
673,291	8,72	1,4003	8,03
7,654	548,056	2,003	0,0476
3289,725	4656,613	4,0870	201,6806

610 a) 6; 5,4; 4,8; 4,2; 3,6; 3; 2,4; 1,8; 1,2; 0,6; 0
b) 10; 9,3; 8,6; 7,9; 7,2; 6,5; 5,8; 5,1; 4,4; 3,7; 3; 2,3; 1,6; 0,9; 0,2
c) 12; 11,2; 10,4; 9,6; 8,8; 8; 7,2; 6,4; 5,6; 4,8; 4; 3,2; 2,4; 1,6; 0,8; 0
d) 81; 70,9; 60,8; 50,7; 40,6; 30,5; 20,4; 10,3; 0,2
e) 6; 5,23; 4,46; 3,69; 2,92; 2,15; 1,38; 0,61

611 1) 1,5 3) streichen 5) 7,8 7) streichen
2) streichen 4) streichen 6) streichen 8) 0,8
Die Subtraktion zweier Dezimalzahlen ist genau dann nicht ausführbar, wenn der Subtrahend größer ist als der Minuend.

612 a) 5,40 € b) 10,90 € c) 24,75 € d) 56,12 € e) 72,18 €

613 a) 878,587 b) 5519,207 c) 5,431 d) 32,377

614 a) 6078,47 c) 5177,554 e) 0,408 g) 0,0031
b) 0,376 d) 0,333 f) 691,66 h) 0,007

615 a) 4,6 + 3 = 7,6 c) 3,59 + 0,201 = 3,791
3 + 4,6 = 7,6 0,201 + 3,59 = 3,791
b) 5,8 + 7,3 = 13,1 d) 0,64 + 0,045 = 0,685
7,3 + 5,8 = 13,1 0,045 + 0,64 = 0,685

616 zB: a) (3,7 + 2,8) + 1,2 = 6,5 + 1,2 = 7,7
3,7 + (2,8 + 1,2) = 3,7 + 4,0 = 7,7
b) (9,5 + 2,25) + 4,2 = 11,75 + 4,2 = 15,95
9,5 + (2,25 + 4,2) = 9,5 + 6,45 = 15,95
c) (0,34 + 5,06) + 2,153 = 5,40 + 2,153 = 7,553
0,34 + (5,06 + 2,153) = 0,34 + 7,213 = 7,553
d) (0,8 + 0,08) + 0,88 = 0,88 + 0,88 = 1,76
0,8 + (0,08 + 0,88) = 0,8 + 0,96 = 1,76

617 a) (3,5 + 2,5) + 4,7 = 10,7 c) (2,8 + 1,2) + (4,7 + 5,3) = 14
b) (24,2 + 56,8) + 17,7 = 98,7 d) (45,6 + 17,4) + (68,2 + 3,8) = 135

618 a) 1,9 b) 0,9 c) 1,6 d) 0,6

619 a) 51,61 b) 1,1005 c) 38,901 d) 26,274

620 a) false c) false e) true
b) true d) true f) true

621 a) 6,988 b) 56,118 c) 5,795 d) 16,609

622 a) 223,857 b) 12,074

623 a)

7,2	+ 192,936	+ 37,95	=	238,086
19,086	+ 83,7	+ 6,329	=	109,115
5,35	+ 0,94	+ 11,5	=	17,79
31,636	+ 277,576	+ 55,779	=	<u>364,991</u>

b)

6,41	+ 84,2	+ 0,641	=	91,251
12,8	+ 3,72	+ 0,05	=	16,57
29	+ 15,7	+ 0,8	=	45,5
48,21	+ 103,62	+ 1,491	=	<u>153,321</u>

624 a) 37,5 + 5,37 b) 8,8 + 80,8 c) 105 + 10,5 + 1,05

625 a) 0026,3500 c) 04,77580
b) 054,290 d) 650,87300

626 a) Der Inntaltunnel ist um
2,45 km länger als der Arlbergtunnel,
4,15 km länger als der Tauerntunnel,
4,72 km länger als der Karawankentunnel,
7,6 km länger als der Kaponigtunnel.

b) Der Inntaltunnel ist um 21,9 km kürzer als der Lötschberg-Basistunnel.

627 Hagen: 317,9 m, Schableder: 381,6 m, Hoher Damm: 428,9 m, Einschnitt: 445 m, Oberschableder: 461 m, Restauration Pöstlingberg: 499 m, Endstation: 518,8 m

628 Die Gesamtlänge betrug 1 036,6 km.

629 Der Unterschied im durchschnittlichen Fleischverbrauch zwischen 2005 und vor dem 2. Weltkrieg beträgt 51,3 kg.
Der Unterschied im durchschnittlichen Fleischverbrauch zwischen 2005 und 1965 beträgt 31,3 kg.
Der Unterschied im durchschnittlichen Fleischverbrauch zwischen 2005 und 1975 beträgt 12,1 kg.

630 Das Paket wiegt 10,45 kg.

631 a) Die Bruttomasse beträgt 2,215 t.

b) Die Bruttomasse beträgt (a + b) kg.

632 a) Die Nettomasse beträgt 1,539 t.
b) Die Tara beträgt 57 kg.
c) Die Tara beträgt (x – y) kg.

633 zB: Die Masse von 1 Liter Mineralwasser beträgt 1,02 kg.

634 Sie hätten noch 0,5 kg Gepäck mitnehmen dürfen.

635 Das mitgeführte Gepäck darf höchstens 316,5 kg haben.

636 Es sind noch 340 kg für Personen verfügbar.

637 Ihr Nettogehalt beträgt 1 126,88 €.

638 Die Abzüge betragen 316,84 €.

639 Der Nettobezug beträgt 1 718,27 €.

640 1) Nettolohn 1 526,01 € 2) Ja, die Summen stimmen überein.

641 a) 29,2 c) 0,658 e) 32,95
b) 1,68 d) 58,8 f) 4,347

642 a) Ü: 7 · 12 = 84; 84,96
b) Ü: 1 · 10 = 10; 8,32
c) Ü: 800 · 50 = 40 000; 37 627,2
d) Ü: 6 · 250 = 1 500; 1 491,36
e) Ü: 80 · 400 = 32 000; 32 682,914
f) Ü: 1 · 600 = 600; 539,4
g) Ü: 16 · 150 = 2 400; 2 196,11
h) Ü: 0,05 · 200 = 10; 8,17
i) Ü: 7 · 500 = 3 500; 3 675,655 2
j) Ü: 1 · 2 400 = 2 400; 2 079,3
k) Ü: 1 · 23 000 = 23 000; 24 948
l) Ü: 800 · 500 = 400 000; 383 879,13

643 a) Das Komma rückt um eine Stelle nach rechts.
63; 38,4; 234,95; 7,453
b) Das Komma rückt um zwei Stellen nach rechts.
380; 2 742; 95 420; 45,21
c) Das Komma rückt um drei Stellen nach rechts.
5 400; 39 750; 283 750; 23,4

644 a) 600; 504 300; 24 300 000 b) 30 450; 5 398 000; 4 650

645 a) mit 10 c) mit 1 000 e) mit 1 000
b) mit 10 000 d) mit 100 f) mit 100

646 a) mit 1 000, 100, 10 b) mit 1 000, 100, 1 000

647 a) 7,5 · 3 = 22,5; 22,5 · 10 = 225
b) 6,32 · 8 = 50,56; 50,56 · 100 = 5 056
c) 0,665 · 7 = 4,655; 4,655 · 10 = 46,55
d) 0,821 · 9 = 7,389; 7,389 · 1 000 = 7 389
e) 28,738 · 4 = 114,952; 114,952 · 100 = 11 495,2
f) 0,83 · 6 = 4,98; 4,98 · 10 000 = 49 800
g) 0,03 · 6 = 0,18; 0,18 · 100 = 18
h) 12,3 · 5 = 61,5; 61,5 · 100 = 6 150

648 a) 80 c) 270 e) 200 g) 21
b) 0.3 d) 165 f) 15 h) 7 040

649 Die Tankfüllung hat a) 26,6 kg, b) 30,4 kg, c) 41,8 kg, d) 68,4 kg.

650 Die Geldersparnis beträgt 1) 3,13 € (3,132), 2) 5,94 €.

651 Die Pakete wiegen a) 6,25 kg, b) 2,25 kg, c) 6 kg, d) 18 kg.

652 Er müssen a) 27,50 €, b) 37,50 €, c) 40 €, d) 62,50 € bezahlt werden.

653 Fußballtor: 7,32 m breit, 2,44 m hoch;
Radius des Mittelkreises: 9,14 m;
Elferpunkt: 10,97 m vom Fußballtor entfernt.

654 a) ≈ 747 m (747,064 8) b) ≈ 249 m (249,021 6) c) ≈ 21 m (20,751 8)

655
a) ≈ 426 km (425,96)
b) ≈ 6852 km (6852,4)
c) ≈ 11955 km (11954,66)
d) ≈ 21465 km (21464,68)

656
a) ≈ 37 km/h (37,04)
b) 1) ≈ 222 km (222,24) 2) ≈ 407 km (407,44) 3) ≈ 889 km (888,96)

657
a) 0,3
b) 0,02
c) 0,02
d) 1,9
e) 0,07
f) 0,0055
g) 11,8
h) 0,047
i) 0,8825

658
a) 3,1; Probe: $3{,}1 \cdot 4 = 12{,}4$
b) 2,1; Probe: $2{,}1 \cdot 8 = 16{,}8$
c) 1,62; Probe: $1{,}62 \cdot 3 = 4{,}86$
d) 0,04; Probe: $0{,}04 \cdot 6 = 0{,}24$
e) 0,301; Probe: $0{,}301 \cdot 3 = 0{,}903$
f) 0,003; Probe: $0{,}003 \cdot 8 = 0{,}024$
g) 0,391; Probe: $0{,}391 \cdot 6 = 2{,}346$
h) 0,0095; Probe: $0{,}0095 \cdot 5 = 0{,}0475$

659
a) 6,75
b) 7,8
c) 11,625
d) 1,25
e) 0,75
f) 0,2
g) 143,25
h) 1808,6
i) 23,5
j) 89,5

660
a) 07,5
b) 03,6
c) 05,5
d) 13,75
e) 029,6
f) 3,0625
g) 00,20
h) 06,85
i) 00,150

661
a) 1872,5; 187,25; 18,725
b) 703,2; 70,32; 7,032
c) 20,9; 2,09; 0,209
d) 0,2; 0,02; 0,002

Beim Dividieren einer Dezimalzahl durch 10, 100, 1000, … rückt das Komma um eine, zwei, drei, … Stellen nach links.

662
a) durch 100
b) durch 10
c) durch 10000
d) durch 10
e) durch 1000
f) durch 100
g) durch 1000
h) durch 10
i) durch 10000

663
a) durch 1000, 10, 1000
b) durch 100, 10100

664
a) 0,4
b) 0,9
c) 0,4
d) 0,9
e) 0,91
f) 1,34
g) 0,52
h) 0,035
i) 0,246
j) 0,128
k) 3,357
l) 4,53

665
a) Ü: 350 : 70 = 5; <u>5,4</u> Probe: $5{,}4 \cdot 6 = 351$
b) Ü: 640 : 80 = 8; <u>7,5</u> Probe: $84 \cdot 7{,}5 = 630$
c) Ü: 7000 : 3500 = 2; <u>2,04</u> Probe: $3425 \cdot 2{,}04 = 6987$
d) Ü: 180 : 600 = 0,3; <u>0,25</u> Probe: $684 \cdot 0{,}25 = 171$

666
a) Ü: 630 : 70 = 9; <u>8,5</u> Probe: $74 \cdot 8{,}5 = 629$
b) Ü: 2400 : 600 = 4; <u>3,8</u> Probe: $645 \cdot 3{,}8 = 2451$
c) Ü: 8000 : 4000 = 2; <u>2,2</u> Probe: $4125 \cdot 2{,}2 = 9075$
d) Ü: 70 : 700 = 0,1; <u>0,125</u> Probe: $736 \cdot 0{,}125 = 92$

667
a) Ü: 42 : 60 = 0,7; <u>0,75</u> Probe: $56 \cdot 0{,}75 = 42$
b) Ü: 2000 : 200 = 10; <u>11,5</u> Probe: $224 \cdot 11{,}5 = 2576$
c) Ü: 6000 : 2000 = 3; <u>3,52</u> Probe: $1575 \cdot 3{,}52 = 5544$
d) Ü: 10 : 2500 = 0,004; <u>0,0032</u> Probe: $2500 \cdot 0{,}0032 = 8$

668 a) Ü: 10 : 25 = 0,4; 0,38 Probe: 0,38 · 28 = 10,64
b) Ü: 6 : 40 = 0,15; 0,163 Probe: 39 · 0,163 = 6,357
c) Ü: 720 : 60 = 12; 11,2 Probe: 64 · 11,2 = 716,8
d) Ü: 18 : 600 = 0,03; 0,027 Probe: 684 · 0,027 = 18,468

669 a) Ü: 35 : 700 = 0,05; 0,045 Probe: 734 · 0,045 = 33,03
b) Ü: 200 : 500 = 0,4; 0,444 Probe: 475 · 0,444 = 210,9
c) Ü: 5000 : 500 = 10; 11,43 Probe: 463 · 11,43 = 5292,09
d) Ü: 0,2 : 200 = 0,001; 0,0012 Probe: 156 · 0,0012 = 0,1872

670 a) Ü: 800 : 2000 = 0,4; 0,4 Probe: 1891 · 0,4 = 756,4
b) Ü: 4000 : 8000 = 0,5; 0,575 Probe: 7644 · 0,575 = 4395,3
c) Ü: 5000 : 5000 = 1; 1,2 Probe: 4636 · 1,2 = 5563,2
d) Ü: 0,1 : 2000 = 0,00005; 0,00005 Probe: 1500 · 0,00005 = 0,075

671 Eine Packung Schnitten kostet a) 1,30 €, b) 1,17 €.

672 Each person paid 11.38 €.

673 A: 0,11 €; B: 0,12 €. Im Geschäft A ist diese Sorte billiger.

674 The 6-pack is the better buy.

675 a) Der Radfahrer legt in 1 Minute 0,2 km zurück.
b) Der Schnellzug legt in 1 Minute 1,4 km zurück.
c) Das Auto legt in 1 Minute 1,6 km zurück.
d) Das Flugzeug legt in 1 Minute 16,5 km zurück.

676 In 1 Sekunde fließen a) 3,25 Liter, b) 3,65 Liter, c) 4,5 Liter Wasser aus der Quelle.

677 a) Ü: 350 : 50 = 7; 6,866… m ≈ 6,87 m Probe: 6,866 · 54 + 0,036 = 370,8
b) Ü: 6 : 30 = 0,2; 0,269… m ≈ 0,27 m Probe: 0,269 · 26 + 0,006 = 7
c) Ü: 10 : 100 = 0,1; 0,119… m ≈ 0,12 m Probe: 0,119 · 112 + 0,072 = 13,4
d) Ü: 1 : 100 = 0,01; 0,007… m ≈ 0,01 m Probe: 0,007 · 91 + 0,083 = 0,72

678 a) Ü: 250 : 50 = 5; 5,217… € ≈ 5,22 € Probe: 5,217 · 45 + 0,035 = 234,80
b) Ü: 900 : 30 = 30; 30,303… € ≈ 30,30 € Probe: 30,303 · 33 + 0,001 = 1000
c) Ü: 32 : 800 = 0,04; 0,032… € ≈ 0,03 € Probe: 0,032 · 830 + 0,690 = 27,25
d) Ü: 100 : 100 = 1; 0,717… € ≈ 0,72 € Probe: 0,717 · 117 + 0,071 = 82,96

679 a) Ü: 150 : 10 = 15; 16,38… cm ≈ 16,4 cm Probe: 16,38 · 9 + 0,08 = 147,5
b) Ü: 1500 : 30 = 50; 46,55… cm ≈ 46,6 cm Probe: 46,55 · 29 + 0,05 = 1350
c) Ü: 20 : 20 = 1; 0,77… cm ≈ 0,8 cm Probe: 0,77 · 24 + 0,12 = 18,6
d) Ü: 0,1 : 100 = 0,001; 0,009… m ≈ 0,001 m Probe: 0,0009 · 97 + 0,0027 = 0,09

680 a) Ü: 1 : 2 = 0,5; 0,33333… ≈ 0,3333 Probe: 0,33333 · 3 + 0,00001 = 1
b) Ü: 4 : 8 = 0,5; 0,44444… ≈ 0,4444 Probe: 0,44444 · 9 + 0,00004 = 4
c) Ü: 350 : 7 = 50; 46,57… ≈ 46,6 Probe: 46,57 · 7 + 0,01 = 326
d) Ü: 2100 : 3 = 700; 702,333… ≈ 702,33 Probe: 702,333 · 3 + 0,001 = 2107
e) Ü: 30 : 6 = 5; 4,6666… ≈ 4,667 Probe: 4,6666 · 6 + 0,0004 = 28
f) Ü: 72000 : 8 = 9000; 9325,37… ≈ 9325,4 Probe: 9325,37 · 8 + 0,04 = 74603

681 a) Ü: 2 : 10 = 0,2; 0,23333… ≈ 0,2333 Probe: 0,23333 · 9 + 0,00003 = 2,1
b) Ü: 84 : 7 = 12; 12,51… ≈ 12,5 Probe: 12,51 · 7 + 0,03 = 87,6
c) Ü: 150 : 20 = 7,5; 6,6913… ≈ 6,691 Probe: 6,6913 · 23 + 0,0001 = 153,9

682 a) Ü: 0,06 : 6 = 0,01; 0,011 66 … ≈ <u>0,011 7</u> Probe: 0,011 66 · 6 + 0,000 04 = 0,07
b) Ü: 0,6 : 3 = 0,2; 0,213 3 … ≈ <u>0,213</u> Probe: 0,213 3 · 3 + 0,000 1 = 0,64
c) Ü: 0,9 : 30 = 0,03; 0,029 38 … ≈ <u>0,029 4</u> Probe: 0,029 38 · 26 + 0,000 12 = 0,764

683 a) Ü: 8 000 : 40 = 200; 182,37 … ≈ <u>182,4</u> Probe: 182,37 · 37 + 0,31 = 6 748
b) Ü: 150 : 500 = 0,3; 0,313 … ≈ <u>0,31</u> Probe: 0,313 · 472 + 0,264 = 148
c) Ü: 24 : 3 000 = 0,008; 0,006 90 … ≈ <u>0,006 9</u> Probe: 0,006 90 · 3 478 + 0,001 8 = 24

684 a) Jeder Bauer hätte rund 298 t (297,8…) Zuckerrüben eingebracht.
b) Es wurden rund 6,1 t (6,11 …) Rüben pro t Zucker benötigt.

685

a) 1) 37,5	2) 3,75	3) 0,375	d) 1) 4	2) 0,4	3) 0,04
b) 1) 26	2) 2,6	3) 0,26	e) 1) 0,7	2) 0,07	3) 0,007
c) 1) 5,9	2) 0,59	3) 0,059	f) 1) 0,2	2) 0,02	3) 0,002

686

a) 1) 60	2) 2,4	3) 0,72	d) 1) 22,5	2) 0,9	3) 0,27
b) 1) 107,5	2) 4,3	3) 1,29	e) 1) 4	2) 0,16	3) 0,048
c) 1) 30	2) 1,2	3) 0,36	f) 1) 1,5	2) 0,06	3) 0,018

687 a) 45,2; 4,52; 0,452 b) 2,54; 0,254; 0,025 4
Das Komma rückt um 1, 2 bzw. 3 Stellen nach links.

688 a) 0,01 b) 0,1 c) 0,000 1 d) 0,001 e) 0,01 f) 0,1

689 a) 0,01 c) 0,001 e) 0,000 1 g) 0,000 01
b) 0,001 d) 0,000 1 f) 0,000 01 h) 0,000 001

690 a) 0,06 c) 0,044 e) 3,72 g) 0,000 64
b) 0,35 d) 0,28 f) 0,55 h) 0,812

691 a) 13; 1,3; 1,3; 0,13 b) 1,95; 0,195; 0,195; 0,019 5
Das Produkt ist kleiner als der 1. Faktor, wenn der 2. Faktor kleiner als 1 ist.
Das Produkt ist kleiner als der 2. Faktor, wenn der 1. Faktor kleiner als 1 ist.
Das Produkt ist kleiner als beide Faktoren, wenn beide Faktoren kleiner als 1 sind.

692

a) 671,25	b) 0 424,7	c) 123,08
6,712 5	0,424 7	1,230 8
67,125	0 424,7	12,308

693 a) 16.79 c) 193.8 e) 56.662
b) 25.08 d) 1.155 4 f) 65.557 8

694 a) 238 b) 57,684 c) 821,34 d) 53,32

695 a) Ü: 5 · 5 = 25; <u>24,44</u> c) Ü: 7 · 2 = 14; <u>11,56</u>
b) Ü: 1 · 7 = 7; <u>5,986</u> d) Ü: 0,3 · 0,4 = 0,12; <u>0,139 4</u>

696 a) Ü: 1 · 4 = 4; <u>2,664 5</u> c) Ü: 5 · 6 = 30; <u>28,826</u>
b) Ü: 2 · 0,1 = 0,2; <u>0,266 5</u> d) Ü: 20 · 8 = 160; <u>144,282</u>

697 a) Ü: 20 · 4 = 80; <u>78,96</u> c) Ü: 300 · 1 = 300; <u>222,993</u>
b) Ü: 40 · 6 = 240; <u>248,125</u> d) Ü: 20 · 2 = 40; <u>33,450 1</u>

698 Standbild: 2,844 m, Bannerstange: 5,056 m, Schwert: 2,054 m

699 0,125 kg Emmentaler kosten 1,45 €.
0,427 kg Edamer kosten 3,80 €.
0,385 kg Edamer kosten 3,43 €.
0,425 kg Brie kosten 5,44 €.
0,275 kg Brie kosten 3,52 €.
0,505 kg Emmentaler kosten 5,86 €.

700 1) Modell „Ideal": 20,4 Liter; Modell „Rasant": 31,5 Liter; Modell „Sparefroh": 17,4 Liter
2) Modell „Ideal": 22,91 € (22,909 2); Modell „Rasant": 35,37 € (35,374 5); Modell „Sparefroh": 19,54 € (19,540 2)

701 1) Der Treibstoffverbrauch beträgt rund 14,7 Liter (14,747 5).
2) Die Treibstoffkosten betragen rund 16,56 € (16,561 …).

702 1) täglich: 2,1 l (2,064)
wöchentlich: 10,3 l (10,32)
monatlich: 45,5 l (45,408)
2) täglich: 2,56 € (2,561 424)
wöchentlich: 12,81 € (12,807 12)
monatlich: 56,35 € (56,351 328)
3) Erkundigt euch bei den Verkehrsbetrieben nach den aktuellen Preisen.

703 a) 15 b) 300 c) 410 d) 5 300 e) 1,9 f) 1 500

704 a) 20, 200, 2 000 b) 62, 620, 6 200

705 a) 0,01 b) 0,001 c) 0,1 d) 0,001 e) 0,000 1 f) 0,000 01 g) 0,01 h) 0,000 1 i) 1

706 a) 0 123,45
0,123 45
0 123,45
b) 0 001 644,0
00 016,440
0,001 644 0

707 a) 14.6 b) 1.615 c) 0.870 0 d) 6.88 e) 49.82 f) 567.0

708 a) 4; 40 b) 11,6; 0,116
Der Quotient ist kleiner als der Dividend, wenn der Divisor größer als 1 ist.
Der Quotient ist größer als der Dividend, wenn der Divisor kleiner als 1 ist.

709 a) 89 b) 7,7 c) 165 d) 16,6

710 a) Ü: 180 : 2 = 90; 75 Probe: 75 · 0,24 = 18
b) Ü: 600 : 1 = 600; 456 Probe: 456 · 0,125 = 57
c) Ü: 2 000 : 5 = 400; 400 Probe: 400 · 5,12 = 2 048
d) Ü: 4 000 : 20 = 200; 210 Probe: 210 · 21,7 = 4 557

711 a) Ü: 40 000 : 25 = 1 600; 1 524 Probe: 1 524 · 0,25 = 381
b) Ü: 1 500 : 3 = 500; 392 Probe: 392 · 0,375 = 147
c) Ü: 9 000 : 25 = 360; 370 Probe: 370 · 24,3 = 8 991
d) Ü: 100 : 1 = 100; 89,6 Probe: 89,6 · 1,25 = 112

712 a) Ü: 32 : 8 = 4; 3,5 Probe: 3,5 · 8,25 = 28,875
b) Ü: 0,6 : 12 = 0,05; 0,05 Probe: 0,05 · 12,7 = 0,635
c) Ü: 80 : 5 = 16; 14,7 Probe: 14,7 · 5,2 = 76,44
d) Ü: 48 : 3 = 16; 15,5 Probe: 15,5 · 3,04 = 47,12

713 a) Ü: 90 : 30 = 3; 3,4 Probe: 3,4 · 28,1 = 95,54
b) Ü: 30 : 5 = 6; 6,2 Probe: 6,2 · 5,08 = 31,496
c) Ü: 360 : 30 = 12; 11,1 Probe: 11,1 · 32,4 = 359,64
d) Ü: 40 : 100 = 0,4; 0,25 Probe: 0,25 · 0,144 = 0,036

714 a) Ü: 750 : 10 = 75; 77,298… ≈ 77,30 Probe: 77,298 · 9,7 + 0,0094 = 749,8
b) Ü: 3 000 : 5 = 600; 683,37… ≈ 683,4 Probe: 683,37 · 4,62 + 0,0306 = 3 157,2
c) Ü: 10 : 1 = 10; 13,652… ≈ 13,65 Probe: 13,652 · 0,72 + 0,00056 = 9,83
d) Ü: 450 : 6 = 75; 74,83… ≈ 74,8 Probe: 74,83 · 0,06 + 0,0002 = 4,49
e) Ü: 3 000 : 5 = 600; 623,91… ≈ 623,9 Probe: 623,91 · 0,046 + 0,00014 = 28,7
f) Ü: 75 : 30 = 2,5; 2,3870… ≈ 2,387 Probe: 2,3870 · 0,031 + 0,000003 = 0,074

715 a) 1 m Stoff kostet 48 €. b) 1 kg Fleisch kostet 7,25 €. c) 1 kg Wurst kostet 9 €.

716 a) 36 Autos b) 70 Autos

717 a) 200 Schneekristalle c) 400 000 Schneekristalle
b) 24 000 Schneekristalle d) 20 000 000 Schneekristalle

718 a) 31,6 kg (31,57…) Butter c) 99,2 kg (99,19…) Butter
b) 52,2 kg (52,22…) Butter d) 404,9 kg (404,85…) Butter

719 4,5-kg-Packung: 2,43 € (2,433...) pro kg, 2,5-kg-Packung: 2,32 € pro kg.
Die 2,5-kg-Packung ist preisgünstiger.

720 Sie erhält 511,12 € (511,124…).

721 Er erhält 880,59 € (880,591…).

722 Sie erhalten 79,33 € (79,333…).

723 a) Ü: 3 · 6 – 8 = 10; 11,05 b) Ü: 9 + 2 · 3 = 15; 16,132 c) Ü: 6 · 2 + 1 · 1 = 13; 12,689

724 a) Ü: (16 + 1) · 25 = 425; 432,936 c) Ü: (29 + 1 – 6) · 2 = 48; 37,936
b) Ü: (25 – 8) : 18 ≈ 1; 0,9 d) Ü: 3 : 0,2 – 8 · 1,5 = 3; 0,95

725 a) Ü: (17 – 7 · 1) : 1 = 10; 15,14… ≈ 15,1
b) Ü: (14 · 3 – 2) : 0,5 = 80; 76,81… ≈ 76,8
c) Ü: 8 + 2 : (0,4 – 0,04 · 1) ≈ 13; 15,273… ≈ 15,27
d) Ü: 3 : 17 – 4 · 0,04 ≈ 0,010… ≈ 0,01

726 a) 0,3042 < 0,5 b) 3,042 > 0,05
3,042 < 5 30,42 > 0,5

727 a) 48.99 b) 1.96 c) 214.2 d) 15.33 e) 103.8 f) 7.657

728 a) 20.64 b) 52.56 c) 200.9 d) 1.19 e) 9.13 f) 0.14

729 a) 66,6 b) 31,8 c) 15,33
1 341,6 96 8,22
Die Ergebnisse sind verschieden.

730 1) Jedes Kind zahlt 16,40 €.
2) Die Kosten erhöhen sich um 3,20 € je Kind.

731 (5,43 – 3,08) : 0,05 = 47 Der LKW ist mit 47 Zementsäcken beladen.

732 1) Er muss noch 1,15 kg Bananen kaufen.
2) Er bekommt 9,58 € zurück.

733 a) 36,43 € b) 24,36 € (24,3635) c) 23,81 € (23,8065)

734 Maria hat 3,70 € Buffetgeld zur Verfügung.

zB: 1) Maria kauft 1 Paar Frankfurter und ein Mineralwasser, dann bleibt ihr kein Geld übrig.
2) Maria kauft eine kleine Portion Pommes und einen Apfelsaft, dann bleiben ihr 1,40 € übrig.

735 1) Man kann 24 (24,3 …) Hosen herstellen.
2) Die kosten für 12 Hosen betragen 197,58 €.

736 $2\,505{,}60 : (5{,}80 \cdot 18) = 24$
Die Firma beschäftigt 24 Prospektausträger.

737 Einkauf: $26{,}5 \cdot 2{,}2$ € = 58,3 €
Verkauf: 68,3 € : 24,4 = 2,799 …€
Der Gemüsehändler muss 2,80 € pro kg verlangen, dann verdient er 10,02 €.

738 1) nein, da $6 \cdot 3{,}50 < 6 \cdot 2{,}60 + 5{,}50$
2) $12 \cdot 3{,}50 - (12 \cdot 2{,}60 + 5{,}50) = 5{,}30$
Max bezahlt um 5,30 € weniger als im Geschäft.
3) $(52{,}30 - 5{,}50) : 2{,}60 = 18$
Max hat 18 Liter Apfelsaft eingekauft.

739 a) 4,44 € b) 17,50 € c) 31,06 € d) 18,88 €

740 a) 23,8 m + 8,068 m = 31,868 m = 31 m 8 dm 6 cm 8 mm
b) 7,05 m – 0,83 m = 6,22 m = 6 m 2 dm 2 cm
c) 1,054 km + 7,635 km = 8,689 km = 8 km 689 m
d) 2,07 kg – 2,03 kg = 0,04 kg = 4 dag

741 a) 8,03 m – 0,507 m + 0,63 m = 8,153 m
b) 4,061 kg – 3,04 kg + 0,238 kg = 1,259 kg
c) 3,007 km – 0,234 km – 0,73 km = 2,043 km
d) 6,045 t – 3,456 t + 2,1 t = 4,689 t

742 400-g-Packung: 0,43 € pro 100 g, 250-g-Packung: 0,48 € pro 100 g
Die 400-g-Packung ist preislich günstiger.

743 a) Die Ergebnisse sind gleich (35,88).
Das Produkt bleibt gleich, wenn man einen Faktor mit 2 multipliziert und den anderen Faktor durch 2 dividiert.
b) Die Ergebnisse sind gleich (7,2).
Das Produkt bleibt gleich, wenn man einen Faktor mit 3 multipliziert und den anderen Faktor durch 3 dividiert.
c) Die Ergebnisse sind gleich (7,68).
Das Produkt bleibt gleich, wenn man einen Faktor mit 4 multipliziert und den anderen Faktor durch 4 dividiert.
d) Die Ergebnisse sind gleich (12,625).
Das Produkt bleibt gleich, wenn man einen Faktor mit 5 multipliziert und den anderen Faktor durch 5 dividiert.

744 Der Gesamtpreis der Eierteigwaren stimmt nicht. Ü: 3 · 0,9 = 2,7
Der Gesamtpreis der Bananen stimmt nicht, da weniger als 1 kg auch weniger als 1,49 € kosten muss.

745 a) > b) = c) = d) < e) > f) =

746 bis **756** Siehe Buch Seite 280!

757 1)

Tag	1.	2.	3.	4.	5.
Streckenlänge	241 km	195 km	317 km	284 km	392 km

2) 286 km (285,8)

758 1) <u>3,6</u> Liter (3,57…)
2) Die größte Niederschlagsmenge gab es am 8. Tag.
Die kleinste Niederschlagsmenge gab es am 9. Tag.
3) Die Abweichung vom Mittelwert beträgt 3,2 Liter bzw. 2,8 Liter.

759 1) Wien: 55 mm
Cherrapunji: 900 mm (899,8…)
Livingstone: 65 mm
2) Wien: Im Juli regnet es am meisten. Abweichung vom Mittelwert: 28 mm
Im Jänner regnet es am wenigsten. Abweichung vom Mittelwert: 15 mm
Cherrapunji: Im Juni regnet es am meisten.
Abweichung vom Mittelwert: 1 795 mm
Im Dezember regnet es am wenigsten.
Abweichung vom Mittelwert: 887 mm
Livingstone: Im Jänner regnet es am meisten.
Abweichung vom Mittelwert: 121 mm
Im Juli regnet es am wenigsten.
Abweichung vom Mittelwert: 65 mm

760 1)

Jahr	Schneefall	3) Mittelwert
2002	166 Tage	13,8 Tage (13,83…)
2003	134 Tage	11,2 Tage (11,16…)
2004	178 Tage	14,8 Tage (14,83…)

2) zB: Im Jahr 2003 wird die niedrigste Anzahl von Tagen mit Schneefall erreicht. Die höchste Anzahl von Tagen mit Schneefall in der Periode 1961–1990 wird nicht annähernd erreicht.

761 1) On day 5 they travelled the most miles.
2) They travelled 49 miles (49.2) a day on average.

762 1) Die Bevölkerungsdichte Österreichs beträgt rund 97 Einwohner pro km² (97,4…).

2)

Bundesland	Bevölkerungsdichte
Burgenland	70 Einwohner pro km² (70,0…)
Kärnten	59 Einwohner pro km² (58,6…)
Niederösterreich	82 Einwohner pro km² (81,5…)
Oberösterreich	116 Einwohner pro km² (116,2…)
Salzburg	73 Einwohner pro km² (73,3…)
Steiermark	73 Einwohner pro km² (72,9…)
Tirol	54 Einwohner pro km² (54,4…)
Vorarlberg	138 Einwohner pro km² (138,1…)
Wien	3888 Einwohner pro km² (3887,5…)

3) In Monaco leben rund 221-mal (221,4…) so viele Menschen pro km² als in Österreich.
4) In Europa leben rund 22-mal (22,3…) so viele Menschen pro km² als in Island.

K **763** Arbeitet in Gruppen.

K **764** Teilt euch die Arbeit.

765 1) 22 Sonnentage (21,6…)
2) Wähle zB: 1 Sonnentag = 3 mm!

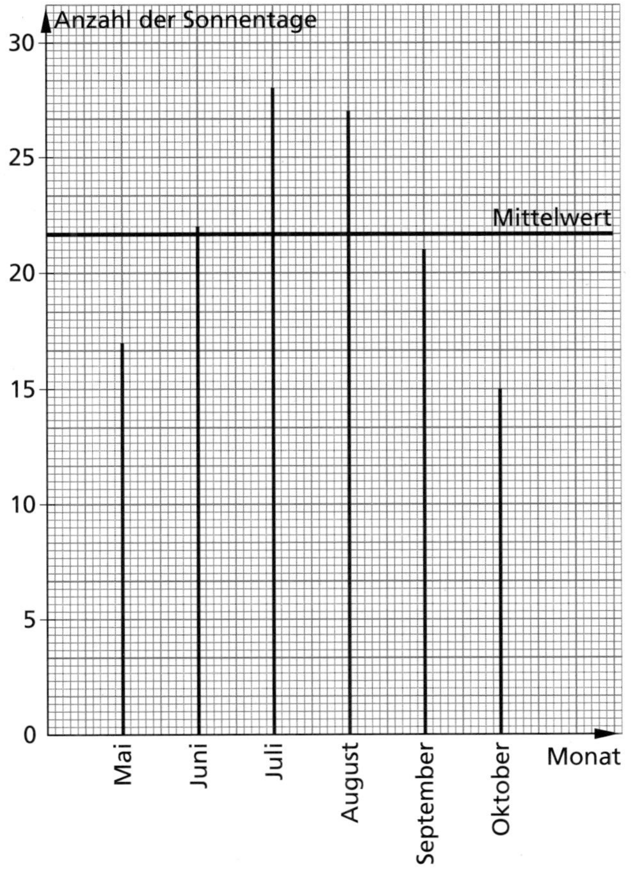

765 3) ☼ ≙ 2 Sonnentagen

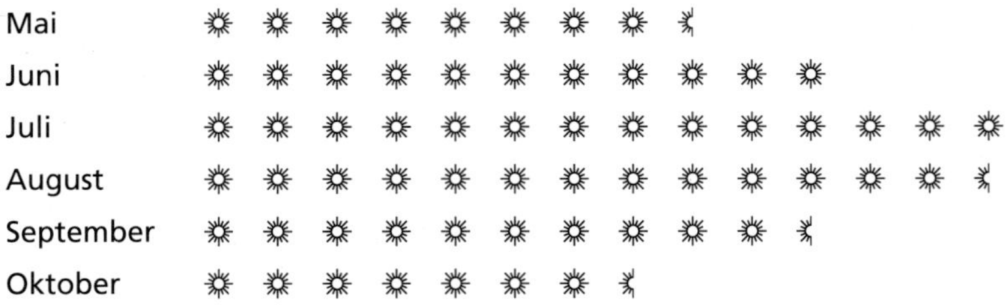

766 1) 24 Schüler (24,125)

2)

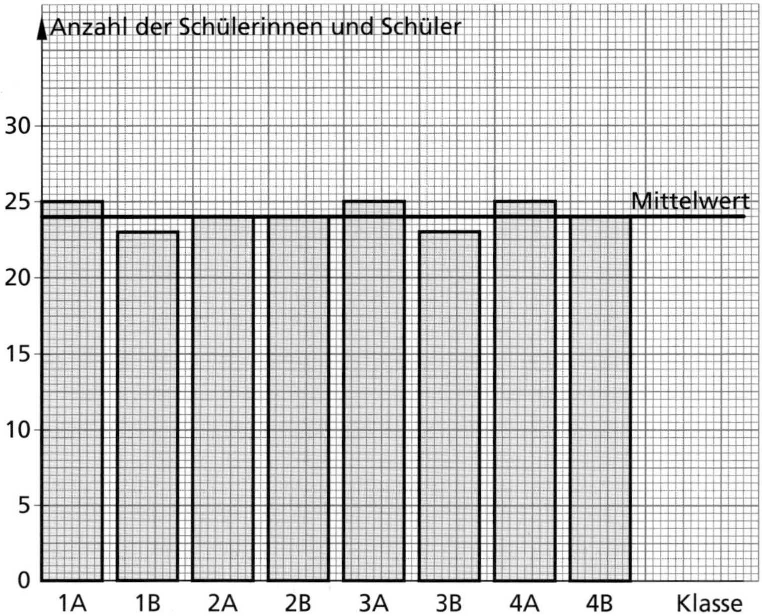

3) 1B, 3B, 2A, 2B, 4B, 1A, 3A, 4A
In den Klassen 1B, 3B, 2A, 2B, 4B liegt die jeweilige Anzahl unter dem Mittelwert. In den Klassen 1A, 3A, 4A liegt die jeweilige Anzahl über dem Mittelwert.

K **767** Compare with the solution of 766!

K 768 Wähle zB: 100 Lehrlinge ≙ 1 mm!

Mädchen

Einzelhandel insgesamt	10 300 ≙ 10,3 cm
Friseurgewerbe (Stylistik)	5 500 ≙ 5,5 cm
Büro	5 300 ≙ 5,3 cm
Restaurant	2 200 ≙ 2,2 cm
Gastronomie	1 900 ≙ 1,9 cm

Burschen

KFZ-Technik	7 000 ≙ 7,0 cm
Elektroinstallationstechniker	5 000 ≙ 5,0 cm
Einzelhandel insgesamt	4 400 ≙ 4,4 cm
Maschinenbautechnik	4 100 ≙ 4,1 cm
Tischlerei	3 900 ≙ 3,9 cm

K 769 a) und b) Vergleiche mit der Lösung zu 766!
c) Summe der Landflächen: 147,5 Mill. km^2
Summe der Ozeanflächen: 361 Mill km^2
Die Summe der Landflächen ist rund 2,4-mal (2,44…) in der Summe der Ozeanflächen enthalten.

770

1) Staat	Bevölkerung	2) zB: 50 Mill. Menschen =
Pakistan	150 Mill. Menschen	≙ 3 Symbole
Brasilien	180 Mill. Menschen	≙ 3,6 Symbole
Indonesien	220 Mill. Menschen	≙ 4,4 Symbole
USA	290 Mill. Menschen	≙ 5,8 Symbole
Indien	1 080 Mill. Menschen	≙ 21,6 Symbole
China	1 300 Mill. Menschen	≙ 26 Symbole

3) Die Bevölkerungsdichte in Europa beträgt 65 Menschen pro km^2 (64,7…).
Die Bevölkerungsdichte in Indien beträgt 327 Menschen pro km^2 (327,2…).
In Indien leben rund 5-mal (5,0…) so viele Menschen pro km^2 als in Europa.

K 771 1) Vergleiche mit der Lösung zu Aufgabe 766!
2) Wähle zB 2 Hitzetage ≙

K 772

1)

Jahr	1920	1940	1960	1980	2000
Temperatur	14,8°C	15°C	15°C	15,2°C	15,7°C

2) zB: Auswirkungen für Österreich: Gletscher schmelzen, Schneefallgrenze steigt, damit sinkt die Anzahl der Wintertouristen, Murenabgänge, … Auswirkungen für andere Länder: Dürre, Wassermangel, Hunger, …

K 773 1) Vergleiche mit der Lösung zu Aufgabe 766!
2) zB: Überschwemmungen, Keller überflutet, Murenabgänge, Straßensperren, Missernte, …

774 bis 777 Siehe Buch Seite 281!

778 a) 120 mim b) 140 min c) 180 s d) 160 s e) 96 h f) 168 h

779 a) 6 min b) 2 h c) 9 h d) 3 d e) 5 W f) 12 J

780 a) 12 min b) 18 min c) 30 min d) 48 min e) 72 min f) 90 min

781 a) 1 h 40 min b) 16 h 40 min c) 2 d 9 h 36 min d) 3 d 11 h 20 min e) 6 d 22 h 40 min

782 a) 5 min b) 29 min 10 s c) 1 d 3 h 46 min 40 s d) 2 d 21 h 26 min 40 s e) 5 d 5 h

783 a) 1 d 6 h b) 20 d 20 h c) 1 W 4 d d) 3 W 6 d e) 4 W 1 d

784 a) 720 h b) 744 h c) 8 760 h

785 a) 1 440 min b) 10 080 min c) 43 200 min d) 525 600 min

786 a) 780 s b) 10 800 s c) 86 400 s d) 2 592 000 s e) 31 536 000 s

787 John is 45 weeks older than Alice.

788 Schätzung: 1 000 000 000 : 3 600 < 300 000;
300 000 : 24 < 12 000; 12 000 : 365 < 30; d. h. rund 30 Jahre
Er ist 31 J 259 d 1 h 46 min 40 s alt.

789 a) 2:30 Uhr b) 5:45 Uhr c) 14:02 Uhr d) 0:16 Uhr (am nächsten Tag.)

790 1) Theaterstück: 19:45 Uhr
2) Oper: 19:05 Uhr
3) Konzert: 20:45 Uhr

791 a) 8 h 15 min + 3 h 43 min + 8 h 46 min + 51 min + 1 h 27 min + 58 min = 24 h
b) Vergleiche mit der Angabe zu a)!

792 a) 4 h 41 min b) 3 h 45 min c) 4 h 57 min d) 3 h 44 min e) 13 h 17 min f) 14 h 54 min g) 22 h 50 min

793 a) 10:24 Uhr b) 20:18 Uhr c) 23:41 Uhr d) 0:37 Uhr (am nächsten Tag) e) 11:18 Uhr (am nächsten Tag)

794 a) 13:15 Uhr b) 14:30 Uhr c) 8:49 Uhr d) 22:06 Uhr (am vorigen Tag) e) 21:33 Uhr (am vorigen Tag)

795 zB: IC 690, 53 min, 63 km

796 zB: EC 790, 2 h 5 min

797 zB: Salzburg – Badgastein: EC 113, Abfahrt 13:04 Uhr
Badgastein – Mallnitz: EC 315, Abfahrt 18:45 Uhr

798 a) Der Zug kommt um 8:57 Uhr an.
b) Es bleiben 3 h 37 min.
c) Der Zug kommt um 17:58 Uhr an.

799 a) 9 h 17 min b) 14 h 54 min c) 16 h 25 min d) 10 h 52 min e) 12 h 49 min f) 10 h 51 min g) 10 h 34 min

800 a) 15 h 28 min b) 10 h 50 min c) 10 h 35 min d) 15 h 15 min e) 14 h 23 min f) 11 h 55 min g) 12 h 52 min

801 a) Die Sonne ist um 5:48 Uhr aufgegangen.
b) Der Mond geht um 6:15 Uhr am nächsten Tag unter.
c) Der Abendstern ist um 4:53 Uhr am nächsten Tag untergegangen.
d) Der Mond ist um 19:45 Uhr am vorigen Tag aufgegangen.

802 The bus will arrive in 24 minutes.

803 In Moskau ist es 12:40 Uhr.

804 In Chicago ist es 23:12 Uhr.

805 a) 12 h 55 min b) 3 d 20 min c) 10 d 18 h 20 min

806 1) 5 h 48 min 46 s 2) 11 h 37 min 32 s 3) 23 h 15 min 4 s

807 a) 1) 1,2 km 2) 72 km b) 1) 1,38 km 2) 82,8 km c) 1) 1,02 km 2) 61,2 km

808 Sara spent about 3 796 minutes on the phone.

809 a) 19,98 km < 20 km b) 9,99 km < 10 km

810 a) 18 000 000 km b) 1 080 000 000 km c) 25 920 000 000 km d) 9 460 800 000 000 km

811 a) 1 794 km b) 107 640 km c) 2 583 360 km d) 942 926 400 km

812 1) 11 250 Zeichnungen, 37 500 Zeichnungen, 60 000 Zeichnungen
2) 703 Arbeitstage (703,1 …), 2 344 Arbeitstage (2 343,7 …), 3 750 Arbeitstage

813 a) 103 680 Atemzüge bzw. 725 760 Atemzüge

b) 2 142 720 Atemzüge bzw. 1 339 200 Atemzüge

c) 12 614 400 Atemzüge bzw. 10 512 000 Atemzüge

814 a) 25 d 8 h 20 min b) 1 J 141 d 22 h 40 min c) 4 J 60 d 20 h

815 a) um 6 s b) um 16 min 48 s

816 a) um 9 s b) um 25 min 12 s

817 Die Uhren sind 20 Stunden gelaufen.

818 Die Arbeitszeit eines Angestellten beträgt a) 39,5 Stunden, b) 37,5 Stunden.

819 Die 1C-Klasse hat 28 Unterrichtseinheiten pro Woche.

820 10 Jahre 9 Monate

821 Rechne zuerst in Monate um!

822 Rechne zuerst in Monate um!

823 a) 542-mal (541,6 …) b) 9-mal (9,0 …)

824 bis **831** Siehe Buch Seite 281!

832 a) $\frac{1}{2}$ b) $\frac{1}{4}$ c) $\frac{1}{8}$ d) $\frac{1}{4}$ e) $\frac{1}{8}$

833 zB:

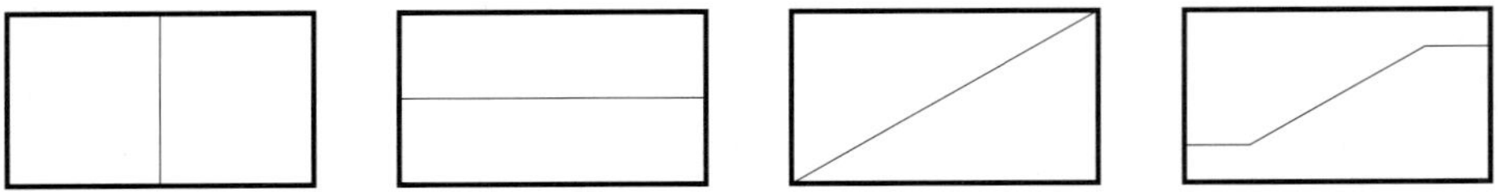

834 zB:

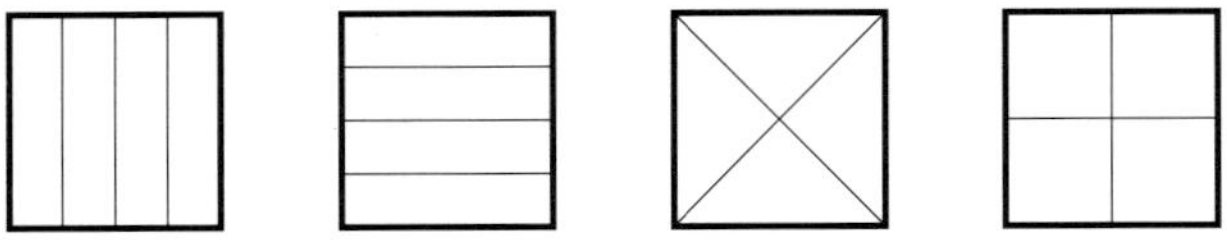

K 835 Berechne zuerst die Länge einer Teilstrecke!

a) 5 cm **b)** 2,5 cm **c)** 2 cm **d)** 1 cm

K 836 **a)** 3 cm **b)** 2 cm **c)** 1 cm

837 **a)**

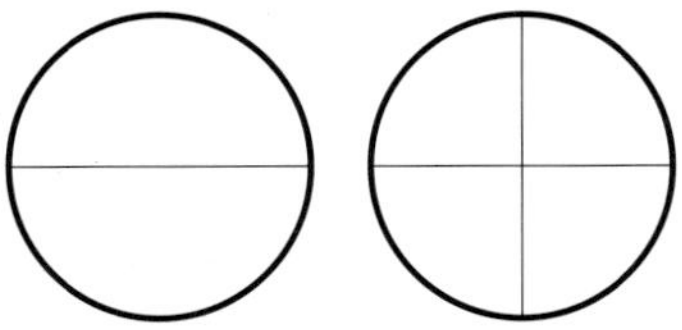

b)

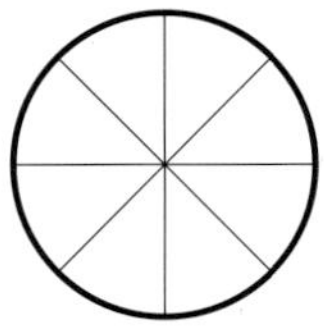

K 838 zB: Teile die Länge des Rechtecks!

a) $\frac{1}{3} \triangleq 4$ cm **b)** $\frac{1}{5} \triangleq 2{,}4$ cm **c)** $\frac{1}{6} \triangleq 2$ cm

839 zB: **a) 1)**

2)

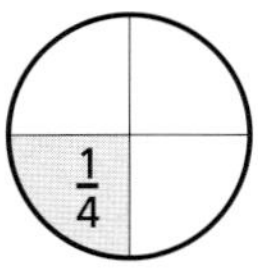

3)

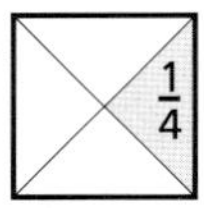

4)

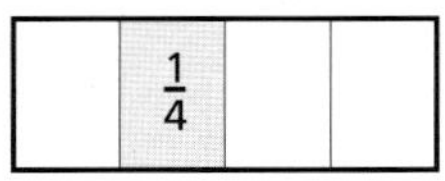

b) 1)

2)

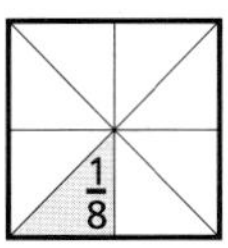

3)

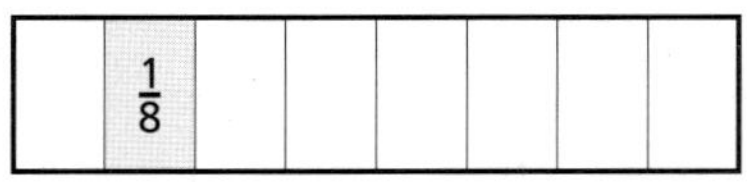

4)

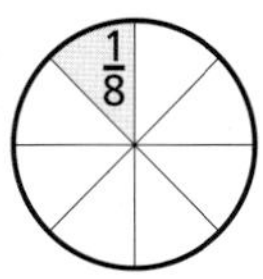

840 Wald: $\frac{1}{2}$, Wiesen: $\frac{1}{4}$, Felder: $\frac{1}{8}$, Ödland: $\frac{1}{8}$

841 **1)** Nadelwald: $\frac{1}{4}$, Mischwald: $\frac{1}{4}$

2)

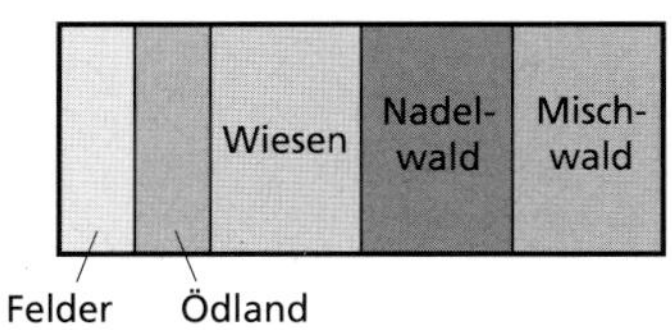

842 **a)** 12 ha **b)** 9 ha **c)** 24 ha

843 a) 12 cm b) 20 cm c) 8 cm

844 Das gesamte Straßenstück ist 10,4 km lang.

845 Das neue Haus erhält 9 Stockwerke.

846 1) In 2 Stockwerken sind Büroräume untergebracht.
2) In 8 Stockwerken sind Wohnungen untergebracht.

847 1) Die Klasse hat 21 Kinder.
2) In dieser Klasse sind 14 Buben.

848 1) 16 musicians play the flute.
2) 8 musicians play the trombone.

849 a) $\frac{2}{12} = \frac{1}{6}$ b) $\frac{4}{12} = \frac{1}{3}$ c) $\frac{3}{12} = \frac{1}{4}$ d) $\frac{9}{12} = \frac{3}{4}$ e) $\frac{5}{12}$

850 zB:

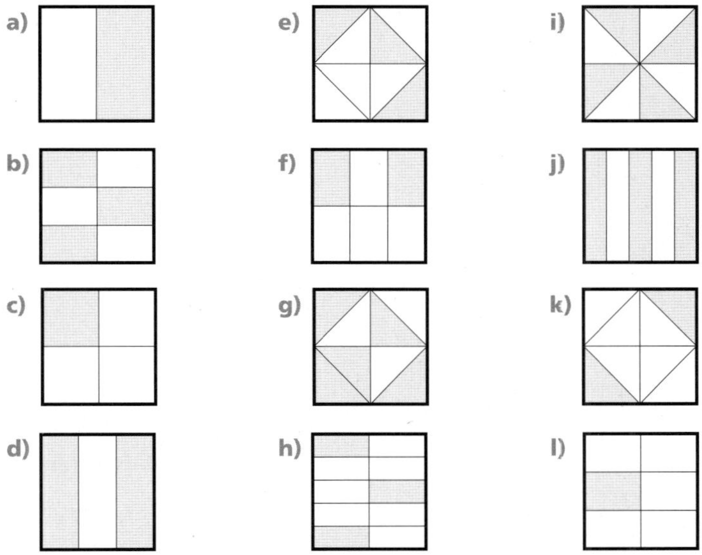

851

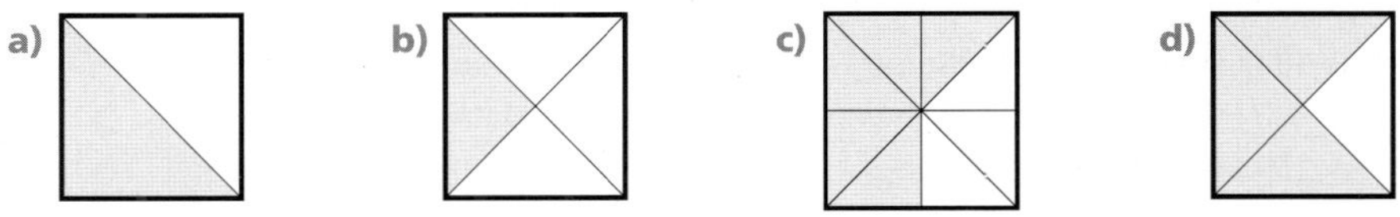

852 a) um $\frac{1}{2}$ c) um $\frac{3}{4}$ e) um $\frac{3}{10}$ g) um $\frac{19}{20}$

b) um $\frac{1}{3}$ d) um $\frac{2}{5}$ f) um $\frac{7}{12}$ h) um $\frac{13}{20}$

853 zB: a) $\frac{1}{8}, \frac{1}{10}, \frac{3}{10}, \frac{2}{5}, \frac{17}{100}$ b) $\frac{7}{2}, \frac{7}{4}, \frac{9}{8}, \frac{43}{10}, \frac{144}{5}$ c) $\frac{3}{3}, \frac{4}{4}, \frac{20}{20}, \frac{31}{31}, \frac{55}{55}$

854 a) $4\frac{1}{2}$ b) 2 c) $2\frac{1}{3}$ d) $1\frac{3}{4}$ e) 4 f) 10

855 a) $\frac{5}{2}$ b) $\frac{7}{4}$ c) $\frac{9}{4}$ d) $\frac{9}{5}$ e) $\frac{17}{5}$ f) $\frac{19}{10}$

856 a) $\frac{1}{3}$ b) $\frac{2}{3}$

857 a) $\frac{1}{4}$ der Flasche, b) $\frac{1}{2}$ der Flasche, c) die ganze Flasche ist gefüllt.

858 In der Flasche ist a) 1 Liter, b) $\frac{1}{2}$ Liter, c) $\frac{1}{4}$ Liter Fruchtsaft enthalten.

859 a) $\frac{1}{10}$ kg, $\frac{1}{4}$ kg

b) $\frac{3}{100}$ kg, $\frac{30}{100}$ kg = $\frac{3}{10}$ kg

c) $\frac{5}{100}$ kg = $\frac{1}{20}$ kg, $\frac{20}{100}$ kg = $\frac{1}{5}$ kg

d) $\frac{40}{100}$ kg = $\frac{2}{5}$ kg, $\frac{60}{100}$ kg = $\frac{3}{5}$ kg

e) $\frac{100}{100}$ kg = 1 kg, $\frac{120}{100}$ kg = $1\frac{1}{5}$ kg

f) $\frac{250}{100}$ kg = $2\frac{1}{2}$ kg, $\frac{300}{100}$ kg = 3 kg

860 a) 750 kg c) 125 kg e) 1250 kg g) 3700 kg
b) 500 kg d) 700 kg f) 2750 kg

861 a) $\frac{6}{10}$ dm b) $\frac{25}{100}$ dm c) $\frac{52}{100}$ dm

862 a) $\frac{1}{10}$ m, $\frac{3}{10}$ m

b) $\frac{25}{100}$ m = $\frac{1}{4}$ m, $\frac{50}{100}$ m = $\frac{1}{2}$ m

c) $\frac{10}{100}$ m = $\frac{1}{10}$ m, $\frac{30}{100}$ m = $\frac{3}{10}$ m

d) $\frac{4}{100}$ m = $\frac{1}{25}$ m, $\frac{40}{100}$ m = $\frac{2}{5}$ m

e) $\frac{100}{100}$ m = 1 m, $\frac{101}{100}$ m = $1\frac{1}{100}$ m

f) $\frac{15}{10}$ m = $1\frac{1}{2}$ m, $\frac{20}{10}$ m = 2 m

863 a) 50 cm b) 5 cm c) 75 cm d) 15 cm e) 8 cm f) 150 cm g) 225 cm

864 a) 15 min c) 105 min e) 78 min g) 160 min
b) 90 min d) 20 min f) 162 min

865 1) je $\frac{1}{2}$ m² 2) 10 cm 3) orangefarbene Fliesen: $\frac{12}{25}$ m², grüne Fliesen: $\frac{13}{25}$ m²

866 a) 15 Eier sind zerbrochen. b) $\frac{3}{4}$ der Eier sind nicht zerbrochen.

867 In der Kiste sind noch a) 12, b) 18, c) 21, d) 6, e) 20, f) 4 Flaschen.

868 Das sind 4000 Personen.

869 a) 60 Frauen und 180 Männer
b) 180 Frauen und 60 Männer
c) 150 Frauen und 90 Männer
d) 216 Frauen und 24 Männer
e) 168 Frauen und 72 Männer
f) 120 Frauen und 120 Männer

870 1) Daniel besitzt noch 9 € 13 c. 2) Er hat insgesamt 27 € 39 c ausgegeben.

871 a) 4 c) 27 e) 25 g) 9 i) 18
b) 8 d) 8 f) 20 h) 16

872 a) Die Entfernung Wels–Salzburg ist die Hälfte der Entfernung Wien–Wels.

b) Die Entfernung Wien–Salzburg ist das $\frac{3}{2}$-fache ($1\frac{1}{2}$-fache) der Entfernung Wien–Wels.

873 a) 0,7; 0,9; 1,1; 1,4
b) 0,03; 0,08; 0,10; 0,25
c) 0,023; 0,23; 2,3
d) 0,7; 0,07; 0,007

874 a) 2,5 b) 0,5 c) 0,8 d) 0,375 e) 1,75 f) 1,8 g) 0,4 h) 1,5 i) 0,75

875
a) $\frac{5}{10} = \frac{1}{2}$; $\frac{75}{100} = \frac{3}{4}$; $\frac{4}{10} = \frac{2}{5}$
b) $\frac{125}{1000} = \frac{1}{8}$; $\frac{2}{10} = \frac{1}{5}$; $1\frac{3}{10} = \frac{13}{10}$
c) $\frac{3}{10}$; $\frac{3}{100}$; $\frac{3}{1000}$
d) $\frac{500}{1000} = \frac{1}{2}$; $\frac{50}{100} = \frac{1}{2}$; $\frac{5}{10} = \frac{1}{2}$
e) $\frac{7}{10}$; $\frac{7}{100}$; $\frac{70}{100} = \frac{7}{10}$
f) $\frac{8}{10} = \frac{4}{5}$; $\frac{88}{100} = \frac{22}{25}$; $\frac{888}{1000} = \frac{111}{125}$
g) $\frac{15}{10} = \frac{3}{2}$; $\frac{155}{100} = \frac{31}{20}$; $\frac{150}{100} = \frac{3}{2}$
h) $\frac{23}{10}$; $\frac{203}{100}$; $\frac{2003}{1000}$

876
a) 1) $\frac{1}{2}$ m² 2) 0,5 m²
b) 1) $\frac{3}{4}$ hl 2) 0,75 hl
c) 1) $\frac{1}{4}$ t 2) 0,25 t
d) 1) $\frac{5}{2}$ dm 2) 2,5 dm
e) 1) $\frac{3}{10}$ cm 2) 0,3 cm
f) 1) $\frac{11}{10}$ dag 2) 1,1 dag
g) 1) $\frac{1}{4}$ h 2) 0,25 h
h) 1) $\frac{1}{5}$ h 2) 0,2 h

877 a) $\frac{6}{2}$ b) $\frac{18}{2}$ c) $\frac{9}{2}$ d) $\frac{11}{2}$ e) $\frac{20}{2}$ f) $\frac{200}{2}$ g) $\frac{400}{2}$ h) $\frac{1000}{2}$

878 a) $\frac{16}{4}$ b) $\frac{9}{4}$ c) $\frac{7}{4}$ d) $\frac{43}{4}$ e) $\frac{51}{4}$ f) $\frac{2}{4}$ g) $\frac{10}{4}$ h) $\frac{22}{4}$

879 a) $\frac{8}{8}$ b) $\frac{16}{8}$ c) $\frac{4}{8}$ d) $\frac{20}{8}$ e) $\frac{6}{8}$ f) $\frac{16}{8}$ g) $\frac{4}{8}$ h) $\frac{6}{8}$

880 a) $\frac{20}{10}$ b) $\frac{100}{10}$ c) $\frac{13}{10}$ d) $\frac{5}{10}$ e) $\frac{15}{10}$ f) $\frac{2}{10}$ g) $\frac{6}{10}$ h) $\frac{34}{10}$

881 a) $\frac{4}{8}$ b) $\frac{6}{10}$ c) $\frac{6}{4}$ d) $1\frac{4}{6}$ e) $\frac{24}{8}$

882 a) $\frac{3}{9}$ b) $\frac{6}{8}$ c) $\frac{6}{4}$ d) $2\frac{6}{15}$ e) $\frac{16}{4}$

883 zB: a) $\frac{8}{8}, \frac{15}{15}, \frac{20}{20}, \frac{4}{4}, \frac{1000}{1000}$ b) $\frac{15}{10}, \frac{12}{8}, \frac{18}{12}, \frac{30}{20}, \frac{150}{100}$ c) $\frac{8}{4}, \frac{10}{5}, \frac{32}{16}, \frac{20}{10}, \frac{100}{50}$

884 $\frac{7}{2} = \frac{28}{8} = \frac{35}{10} = 3\frac{2}{4} = 3\frac{5}{10}$; $2\frac{4}{10} = \frac{12}{5} = \frac{24}{10}$

885
a) 1) $\frac{1}{2}, \frac{1}{4}, \frac{1}{5}, \frac{1}{8}$ 2) $\frac{1}{3}, \frac{1}{6}, \frac{1}{7}$
b) 1) $\frac{3}{2}, \frac{3}{3}, \frac{3}{4}, \frac{3}{5}, \frac{3}{6}, \frac{3}{8}$ 2) $\frac{3}{7}$
c) 1) $\frac{5}{2}, \frac{5}{4}, \frac{5}{5}, \frac{5}{8}$ 2) $\frac{5}{3}, \frac{5}{6}, \frac{5}{7}$

886 $\frac{1}{8}, \frac{3}{8}, \frac{5}{8}, \frac{6}{8}, \frac{9}{8}, \frac{10}{8}, \frac{11}{8}, \frac{13}{8}$
Je größer der Zähler, desto größer ist die Bruchzahl.

887 Von links nach rechts sind dargestellt:
a) $\frac{2}{8} = \frac{1}{4}$; $\frac{3}{8}$; $\frac{4}{8} = \frac{1}{2}$; $\frac{6}{8} = \frac{3}{4}$; $\frac{8}{8} = 1$; $\frac{9}{8}$; $\frac{10}{8} = \frac{5}{4}$
b) $\frac{1}{10}$; $\frac{1}{4}$; $\frac{1}{2}$; $\frac{2}{3}$; $\frac{9}{10}$; $\frac{4}{3}$; $\frac{3}{2}$; $\frac{5}{3}$

888 1)

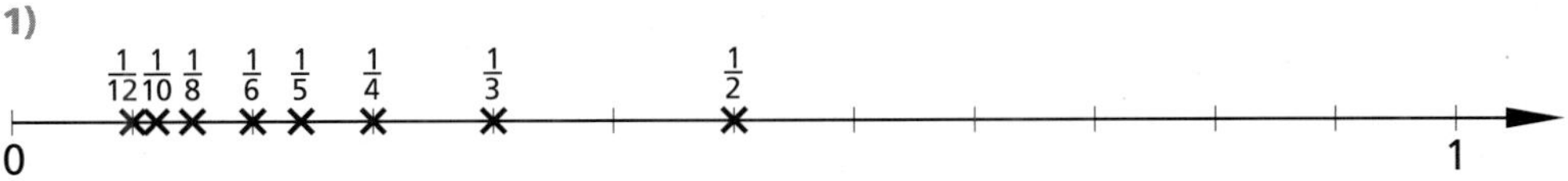

2) $\frac{1}{2} \triangleq$ 60 mm, $\frac{1}{3} \triangleq$ 40 mm, $\frac{1}{4} \triangleq$ 30 mm, $\frac{1}{5} \triangleq$ 24 mm, $\frac{1}{6} \triangleq$ 20 mm, $\frac{1}{8} \triangleq$ 15 mm, $\frac{1}{10} \triangleq$ 12 mm, $\frac{1}{12} \triangleq$ 10 mm

3) größter Stammbruch: $\frac{1}{2}$, kleinster Stammbruch: $\frac{1}{12}$
zB: Je größer der Nenner, desto kleiner der Stammbruch.

889 zB: **a)** Einheitsstrecke 80 mm!

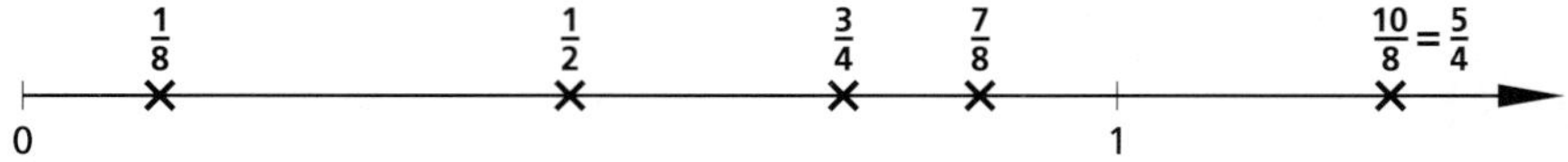

b) Einheitsstrecke 40 mm!

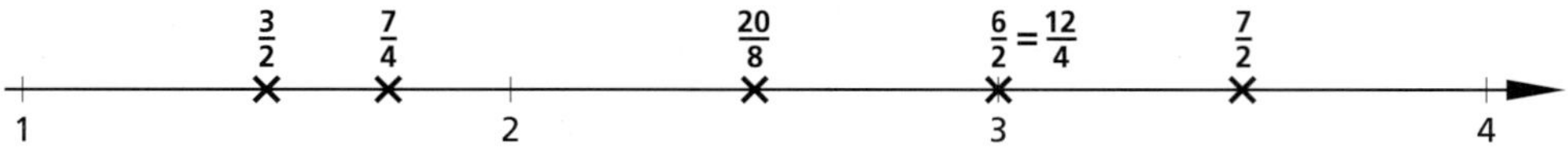

c) Einheitsstrecke 60 mm!

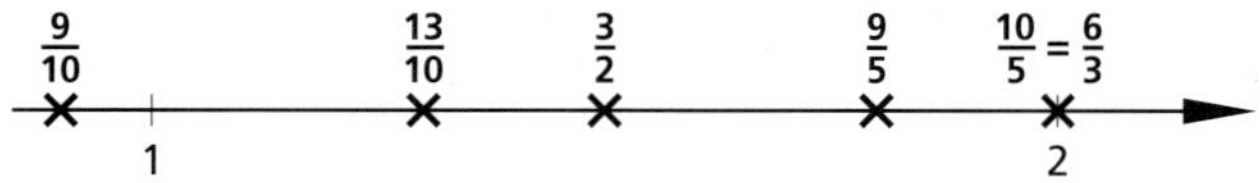

d) Einheitsstrecke 60 mm!

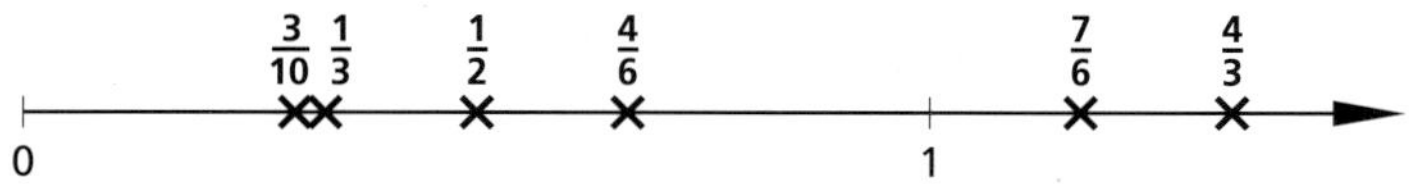

890 **a)** $\frac{1}{2} < \frac{3}{2}$ **c)** $\frac{1}{4} < \frac{3}{4}$ **e)** $\frac{4}{6} < \frac{5}{6}$ **g)** $\frac{5}{8} > \frac{3}{8}$

b) $\frac{3}{3} > \frac{2}{3}$ **d)** $\frac{8}{10} < \frac{9}{10}$ **f)** $\frac{24}{100} > \frac{23}{100}$ **h)** $\frac{21}{10} > \frac{20}{10}$

Begründung: Vergleiche mit Seite 160 in deinem Buch!

891 **a)** $0{,}7 < \frac{3}{4}$ **b)** $1\frac{1}{3} > 1{,}3$ **c)** $1{,}25 = 1\frac{1}{4}$ **d)** $\frac{8}{7} > 1$

Begründung: Vergleiche mit Seite 160 in deinem Buch!

892 **a)** $\frac{1}{2} > \frac{2}{5}$ **c)** $\frac{5}{4} = 1\frac{1}{4}$ **e)** $\frac{7}{8} > \frac{4}{5}$ **g)** $\frac{5}{4} > \frac{4}{5}$

b) $\frac{3}{8} > \frac{1}{4}$ **d)** $\frac{4}{10} < \frac{1}{2}$ **f)** $\frac{3}{2} > \frac{9}{10}$ **h)** $\frac{3}{10} < \frac{2}{5}$

Begründung: Vergleiche mit Seite 160 in deinem Buch!

893 **a)** $\frac{1}{100}, \frac{1}{9}, \frac{1}{5}, \frac{1}{4}, \frac{1}{2}$ **c)** $\frac{1}{10}, \frac{1}{5}, \frac{4}{10}, \frac{7}{10}, \frac{4}{5}$

b) $\frac{2}{100}, \frac{2}{9}, \frac{2}{5}, \frac{2}{4}, \frac{2}{2}$ **d)** eg: $\frac{1}{30}, \frac{2}{30}, \frac{5}{30}, \frac{7}{30}, \frac{16}{30}$

894 zB: **a)** $\frac{2}{3}; \frac{4}{5}; \frac{57}{100}; \frac{11}{20}; \frac{563}{1000}$ **b)** $\frac{1}{3}; \frac{3}{20}; \frac{7}{100}; \frac{499}{1000}; \frac{3}{7}$

895 $\frac{2}{10}$-l-Glas < $\frac{1}{4}$-l-Glas < $\frac{3}{10}$-l-Glas < $\frac{1}{3}$-l-Glas < $\frac{1}{2}$-l-Glas

896 **a)** Streiche $\frac{1}{4}, \frac{1}{8}, \frac{7}{10}, \frac{3}{8}, \frac{7}{10}, \frac{2}{5}, \frac{6}{5}, \frac{7}{8}$!

b) Man kann von Anfang an sagen, dass der größte Bruch, nämlich $\frac{7}{5}$, übrig bleibt.

897 $\frac{7}{3}, \frac{11}{3}, \frac{15}{3}, \frac{19}{3}, \frac{23}{3}, \frac{27}{3}, \frac{31}{3}, \frac{35}{3}, \frac{39}{3}, \frac{43}{3}, \frac{47}{3}, \frac{51}{3}, \frac{55}{3}, \frac{59}{3} = 19\frac{2}{3}$; 13-mal

K **898** **a)** $\frac{11}{2} = 5\frac{1}{2}$; $3{,}5 + 2 = 5{,}5$

zB: Von einer Rolle Draht werden zuerst $\frac{7}{2}$ m Draht und dann noch $\frac{4}{2}$ m abgeschnitten. Wie viel m Draht werden insgesamt abgeschnitten?

b) $11\frac{1}{2}$; $7 + 4{,}5 = 11{,}5$ **e)** 1; $2{,}25 - 1{,}25 = 1$ **h)** $\frac{1}{2}$; $1{,}4 - 0{,}9 = 0{,}5$

c) 2; $1{,}4 + 0{,}6 = 2$ **f)** $\frac{4}{5}$; $1{,}6 - 0{,}8 = 0{,}8$ **i)** $\frac{1}{2}$; $2{,}25 - 1{,}75 = 0{,}5$

d) $4\frac{1}{2}$; $1{,}75 + 2{,}75 = 4{,}5$ **g)** $\frac{8}{10}$; $1{,}3 - 0{,}5 = 0{,}8$ **j)** 4; $1{,}625 + 2{,}375 = 4$

899 a) um $1\frac{1}{3}$ c) um $1\frac{5}{6}$ e) um $1\frac{3}{10}$ g) um $1\frac{883}{1000}$ i) um $1\frac{800}{1000} = 1\frac{4}{5}$

b) um $1\frac{2}{5}$ d) um $1\frac{3}{8}$ f) um $1\frac{75}{100}$ h) um $1\frac{850}{1000}$ j) um $\frac{1500}{1000} = 1\frac{1}{2}$

900 a) um $\frac{1}{3}$ c) um $\frac{3}{5}$ e) um $\frac{50}{100} = \frac{1}{2}$ g) um $\frac{20}{100} = \frac{1}{5}$ i) um $\frac{50}{1000} = \frac{1}{20}$

b) um $\frac{3}{4}$ d) um $\frac{1}{10}$ f) um $\frac{1}{100}$ h) um $\frac{100}{100} = 1$ j) um $\frac{5}{1000} = \frac{1}{200}$

901 2. Takt: $\frac{1}{8} + \frac{1}{4} + \frac{1}{8} + \frac{1}{4} + \frac{1}{4} = \frac{4}{4}$, 4. Takt: $\frac{1}{4} + \frac{2}{8} + \frac{1}{4} + \frac{2}{8} = \frac{4}{4}$, 5. Takt: $\frac{1}{2} + \frac{1}{4} + \frac{2}{8} = \frac{4}{4}$

902 a) 1. Takt: $\frac{1}{4} + \frac{1}{4} + \frac{1}{4} + \frac{1}{4} = \frac{4}{4}$, 2. Takt: $\frac{4}{8} + \frac{1}{4} + \frac{1}{4} = \frac{4}{4}$, 3. Takt: $\frac{3}{8} + \frac{1}{8} + \frac{1}{4} + \frac{2}{8} = \frac{4}{4}$,

4. Takt: $\frac{1}{4} + \frac{1}{4} + \frac{1}{2} = \frac{4}{4}$

b) 1. Takt: $\frac{2}{8} + \frac{3}{4} = \frac{4}{4}$, 2. Takt: $\frac{1}{4} + \frac{2}{8} + \frac{2}{8} + \frac{2}{8} = \frac{4}{4}$, 3. Takt: $\frac{2}{8} + \frac{3}{4} = \frac{4}{4}$

903 $\frac{5}{4}$ l = $1\frac{1}{4}$ l Milch

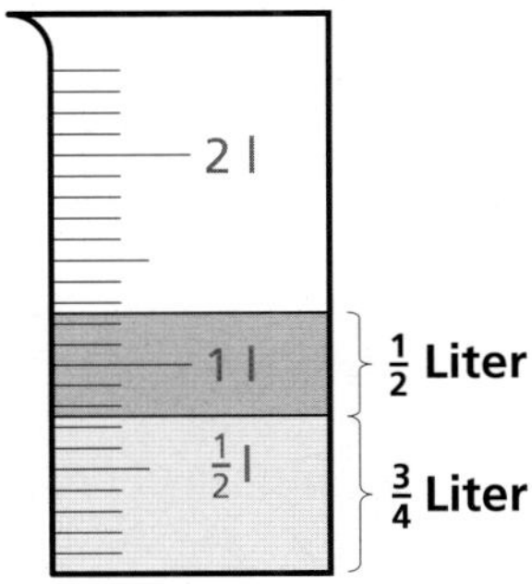

K 904 Der Becher enthält $\frac{3}{4}$ l Milch.

905 zB:

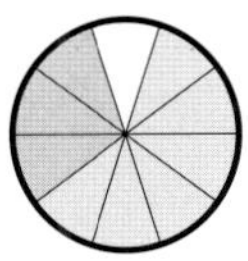

$\frac{3}{5} + \frac{3}{10} = \frac{6}{10} + \frac{3}{10} = \frac{9}{10}$

906 zB:

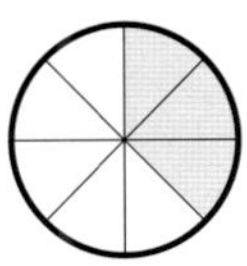

$\frac{3}{4} - \frac{3}{8} = \frac{6}{8} - \frac{3}{8} = \frac{3}{8}$

907 a) $\frac{1}{2} \triangleq 5$ cm; $\frac{2}{5} \triangleq 4$ cm; $\frac{1}{2} + \frac{2}{5} = \frac{9}{10}$; $\frac{9}{10} \triangleq 9$ cm

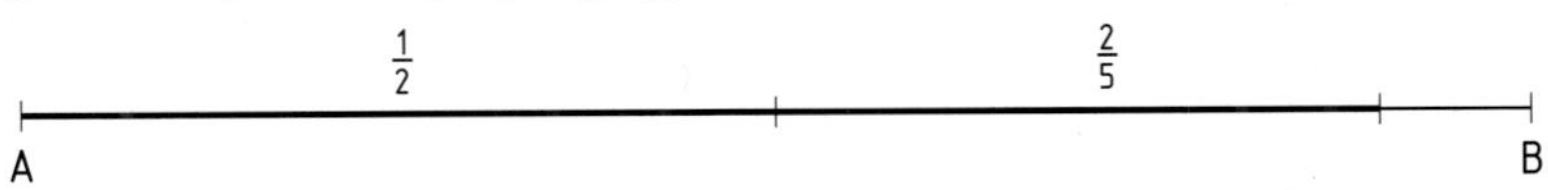

b) $\frac{5}{6} \triangleq 5$ cm; $\frac{1}{3} \triangleq 2$ cm; $\frac{5}{6} - \frac{1}{3} = \frac{1}{2}$; $\frac{1}{2} \triangleq 3$ cm

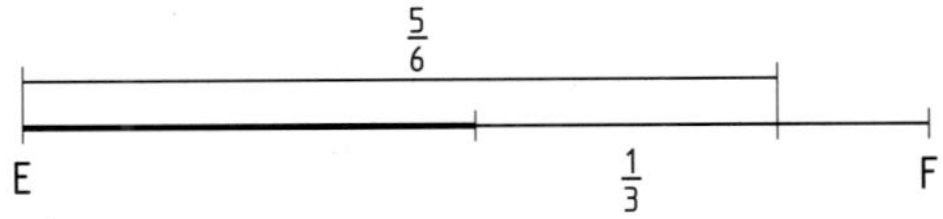

908

a) 1) $\frac{11}{100}$ 2) 0,11
b) 1) $5\frac{20}{100} = 5\frac{1}{5}$ 2) 5,2
c) 1) $\frac{9}{100}$ 2) 0,09
d) 1) $\frac{7}{10}$ 2) 0,7
e) 1) $\frac{1}{10}$ 2) 0,1
f) 1) $\frac{5}{10} = \frac{1}{2}$ 2) 0,5
g) 1) $3\frac{1}{4}$ 2) 3,25
h) 1) $\frac{3}{4}$ 2) 0,75
i) 1) $2\frac{1}{8}$ 2) 2,125
j) 1) $\frac{5}{6}$
k) 1) $\frac{5}{6}$
l) 1) $2\frac{1}{6}$
m) 1) $2\frac{1}{6}$
n) 1) $\frac{5}{6}$
o) 1) $2\frac{4}{6} = 2\frac{2}{3}$

909 Er darf höchstens mit $1\frac{7}{10}$ t beladen werden.

910 Der restliche Acker hat $14\frac{3}{4}$ a.

911 1) Die Gruppe hat $2\frac{5}{8}$ l Apfelsaft getrunken.

2) Paul muss 14,70 € bezahlen.

912 Die gesamte Wegstrecke beträgt 11 km.

913 1) Karl war $6\frac{1}{2}$ Stunden unterwegs. 2) Um 12:30 Uhr hatte er das Ziel erreicht.

914 1) Er hat nun $\frac{5}{8}$ der Bausumme.

2) Es fehlen ihm $\frac{3}{8}$ der Bausumme.

3) Es fehlen ihm noch 54 000 €.

915 1) Die Legierung enthält $\frac{7}{8}$ Edelmetall.

2) Die Legierung enthält $\frac{1}{8}$ Kupfer.

3) Der Armreif enthält 90 g Gold, 15 g Silber und 15 g Kupfer.

916 1) $\frac{85}{100}$ waren Fahrzeuge zur Personenbeförderung.

2) $\frac{15}{100}$ waren Lastkraftwagen.

3) Es waren 136 000 Fahrzeuge zur Personenbeförderung und 24 000 LKW.

K **917** a) $3\frac{1}{2}$; $0{,}5 \cdot 7 = 3{,}5$

zB: Beim Basteln braucht Georg 7-mal $\frac{1}{2}$ m Schnur.
Wie viel m Schnur muss er besorgen?

b) 3; $0{,}75 \cdot 4 = 3$
c) $\frac{3}{4}$; $0{,}375 \cdot 2 = 0{,}75$
d) $\frac{15}{8}$; $0{,}625 \cdot 3 = 1{,}875$
e) 0; $3{,}25 \cdot 0 = 0$
f) 6; $0{,}75 \cdot 8 = 6$
g) $6\frac{1}{2}$; $1{,}3 \cdot 5 = 6{,}5$
h) 10; $2{,}5 \cdot 4 = 10$
i) $14\frac{2}{5}$; $2{,}4 \cdot 6 = 14{,}4$
j) $\frac{81}{10}$; $2{,}7 \cdot 3 = 8{,}1$
k) $4\frac{1}{25}$; $1{,}01 \cdot 4 = 4{,}04$
l) $\frac{33}{2}$; $3{,}3 \cdot 5 = 16{,}5$

918 a) In 7 Tagen trinkt Susanne $2\frac{5}{8}$ l Milch.

b) In 30 Tagen trinkt Susanne $11\frac{1}{4}$ l Milch.

919 Der Umfang beträgt 3 m.

920 Die Summe der Kantenlängen beträgt $4\frac{1}{2}$ m.

921 a) 1,250 km Straße sind schon fertig.
b) 3,750 km Straße sind noch in schlechtem Zustand.

922 Das Wasser fließt a) 90 m, b) 5400 m = 5,4 km.

923 a) $2\frac{1}{4}$ Festmeter b) $5\frac{1}{4}$ Festmeter c) 9 Festmeter d) 15 Festmeter

924 1) Die Eltern hätten 62 € eingespart.
2) Das Rad hätte nach der Verbilligung 124 € gekostet.

925 Er ist noch a) $19\frac{1}{4}$ km, b) $14\frac{1}{2}$ km, c) $9\frac{3}{4}$ km, d) 5 km, e) $\frac{1}{4}$ km von Mayrhofen entfernt.

926 Michael ist noch a) $74\frac{1}{8}$ km, b) $60\frac{1}{2}$ km, c) $46\frac{7}{8}$ km, d) $33\frac{1}{4}$ km, e) $19\frac{5}{8}$ km von Judenburg entfernt.

K **927** a) 1; 4 : 4 = 1
zB: $\frac{8}{2}$ kg Butter werden auf 4 Personen gleichmäßig aufgeteilt.
Wie viel kg Butter erhält eine Person?

b) $\frac{3}{10}$; 1,5 : 5 = 0,3

c) $\frac{1}{8}$; 0,625 : 5 = 0,125

d) $\frac{3}{10}$; 0,9 : 3 = 0,3

e) $\frac{1}{4}$; 0,75 : 3 = 0,25

f) $\frac{1}{2}$; 1,5 : 3 = 0,5

g) $\frac{3}{4}$; 3,75 : 5 = 0,75

h) $\frac{3}{10}$; 2,7 : 9 = 0,3

i) $\frac{3}{4}$; 5,25 : 7 = 0,75

j) $\frac{4}{5}$; 6,4 : 8 = 0,8

928 a) $1\frac{1}{2}$ kg Äpfel b) $1\frac{3}{4}$ kg Äpfel c) $2\frac{1}{8}$ kg Äpfel d) $\frac{7}{8}$ kg Äpfel e) $\frac{7}{10}$ kg Äpfel

929 a) 8 Kinder b) 22 Kinder c) 27 Kinder d) 33 Kinder e) 43 Kinder

930 a) 72 Sackerln b) 144 Sackerln c) 288 Sackerln

931 a) 288 Pakete b) 384 Pakete c) 512 Pakete

932 a) 3 Gläser b) 6 Gläser c) 8 Gläser d) 9 Gläser

933 a) 6 Gläser b) 12 Gläser c) 16 Gläser d) 19 Gläser

934 405 Stück 2-l-Flaschen und 80 Stück $\frac{1}{2}$-l-Flaschen werden gebraucht.

935 300 Flaschen werden benötigt.

936 232 Flaschen werden benötigt.

937 a) 7 b) 9 c) 2 d) 4 e) 2 f) 3

938 $15 = \frac{60}{4}, \frac{55}{4}, \frac{50}{4}, \frac{45}{4}, \frac{40}{4}, \frac{35}{4}, \frac{30}{4}, \frac{25}{4}, \frac{20}{4}, \frac{15}{4}, \frac{10}{4}, \frac{5}{4}$, 0; 12-mal

939 1) He gave 6 baseball cards to Steven.
2) He gave 12 baseball cards to his brother Jim.
3) He kept 12 baseball cards for himself.

940 In eine $\frac{7}{10}$-l-Flasche, weil $\frac{1}{2} = 1 : 2 = 0{,}5 = \frac{5}{10}$ und $\frac{7}{10} > \frac{5}{10}$.

941 Auf dem Ballen verbleiben $5\frac{1}{2}$ m Stoff.
9 m – 3,5 m = 5,5 m.

942 Karin hat 4 Stücke gegessen.

943 a) Länge: $\frac{12}{10}$ dm, Breite: $\frac{3}{10}$ dm
b) gegebenes Rechteck: u = 2 dm, neues Rechteck: u = 3 dm

944 a) $\frac{5}{6} > \frac{1}{6}$ b) $\frac{6}{8} = \frac{3}{4}$ c) $\frac{1}{8} > \frac{1}{9}$ d) $\frac{3}{4} = \frac{9}{12}$ e) $\frac{2}{3} > \frac{2}{5}$ f) $0{,}6 < \frac{2}{3}$

945 1) Es sind 6 Buben in der Klasse.
2) Es sind 18 Mädchen in der Klasse.

946 a) $\frac{7}{3}$ b) $1\frac{3}{4}$ c) 6 d) $\frac{2}{3}$ e) $\frac{3}{4}$

947 bis **956** Siehe Buch Seite 281!

957 zB: 1) Tischplatte: Länge, Breite, Dicke
Fensterscheibe: Länge, Breite, Stärke
Koffer: Länge, Breite, Höhe
Schachtel: Länge, Breite, Höhe
2) Gegenstände sind quaderförmig, weil sie Material sparend, Platz sparend, leicht herzustellen sind, …

958 zB: Kiste: Länge, Breite, Höhe
Brett: Länge, Breite, Dicke
Baugrube: Länge, Breite, Tiefe
Zeichenblatt: Länge, Breite, Stärke
Kästchen: Breite, Höhe, Tiefe

959 a) CB, CD, CG b) FB, FE, FG c) HD, HE, HG

960 $\overline{AB} = \overline{CD} = \overline{EF} = \overline{GH}$; $\overline{AD} = \overline{BC} = \overline{FG} = \overline{EH}$; $\overline{AE} = \overline{BF} = \overline{CG} = \overline{DH}$

961 a) 1) 76 cm
b) 1) 176 mm = 17 cm 6 mm
2) zB: „Gesamtlänge aller Kanten = viermal die Summe von Länge, Breite und Höhe"

962 a) Man benötigt mindestens 208 cm Klebestreifen.
b) Man benötigt mindestens 192 cm Klebestreifen.

963 1) 4 cm
2) zB: Man erhält die gesuchte Kantenlänge, indem man die Summe aller Kantenlängen durch vier dividiert und vom Quotient die beiden gegebenen Kantenlängen subtrahiert.

964 a) 18 mm
b) Vergleiche mit der Lösung zu Aufgabe 963 2)!

965 1) zB: Länge: 3 cm; Breite: 4 cm; Höhe: 8 cm
Länge: 5 cm; Breite: 7 cm; Höhe: 3 cm
Länge: 6 cm; Breite: 2 cm; Höhe: 7 cm
2) 60 cm; Die Gesamtlänge der zwölf Kanten bleibt gleich.

966 1) 3 Möglichkeiten
2) zB: Länge: 120 mm; Breite: 45 mm; Höhe: 13 mm
Länge: 60 mm; Breite: 90 mm; Höhe: 13 mm
Länge: 60 mm; Breite: 45 mm; Höhe: 26 mm

967 1) Die Schnur muss mindestens 2 m 16 cm lang sein.
2) zB: Man erhält die Gesamtlänge der Schnur, indem man zweimal die Länge, zweimal die Breite und viermal die Höhe des Pakets zu den 16 cm (für die Masche) addiert.

968 Die Schnur muss mindestens 1 m 8 cm lang sein.

969 a) 20 cm b) 18 cm

970 a) 22 cm b) 26 cm c) 20 cm d) 68 cm

971 9.5 cm

972 a) BCDA, BCGF, BFEA
b) EFGH, EABF, EHDA
c) HGFE, HDAE, HDCG

973 a) BC, CG, GF, FB b) EF, FG, GH, HE c) AB, BF, FE, EA

974 1) AD passt nicht, da nicht parallel zu den anderen Kanten.
2) BF

975 a) 1) CD, DH, HG, GC 2) AB, BF, FE, EA 3) CB, DA, HE, GF
b) 1) AD, DH, HE, EA 2) BC, CG, GF, FB 3) AB, DC, HG, EF

976 a) ADHE b) ABFE

977 zB: Spielwürfel, Baustein, Margarinewürfel

978 a) 72 cm b) 900 mm = 90 cm c) 12 m 24 cm

979 a) 32 cm b) 32 cm

980 a) 4 mm b) 13 mm c) 41 mm

981 1) Die Schnur muss mindestens 208 cm = 2 m 8 cm lang sein.
2) zB: Man erhält die Gesamtlänge der Schnur, indem man zu den 16 cm (für die Masche) achtmal die Seitenlänge addiert.

982 a) 60 cm b) 1 m 80 cm

983 1) wahr;
zB: Jeder Würfel ist ein Quader mit gleich langen Kanten.
2) falsch;
zB: Das Faltmodell des Quaders hat Rechtecke als Begrenzungsflächen. Daher kann dieser Quader kein Würfel sein.

984 a) ja;
zB: Die 6 deckungsgleichen Begrenzungsflächen müssen Quadrate sein.
b) nein;
zB: Nur wenn alle 6 Begrenzungsflächen quadratisch sind, liegt ein Würfel vor.

985 1) Die Summe der Augenanzahlen zweier gegenüberliegender Begrenzungsflächen beträgt 7.
2) roter Würfel: 3; grüner Würfel: 5; blauer Würfel: 6; brauner Würfel: 4
3) 15

986 a) BA, BC, BF b) FB, FE, FG c) DA, DC, DH

987 a) BC, FG, EH b) AB, DC, HG c) AE, BF, DH
Zueinander parallele Kanten sind gleich lang.

988 1) CD, weil sie nicht parallel zu den drei anderen Kanten ist.
2) AE

989 a) AE, DH, EF, GH b) DH, CG, AD, BC c) BC, FG, CD, GH

990 a) AB, BF, CD, CG b) GC, GF, HD, HE c) AD, DC, EH, HG

991 a) parallel c) schneidend e) windschief
b) windschief d) parallel f) parallel

992 a) BC b) AD c) EH d) DH

993 a) ABFE, ADHE b) EFGH, DCGH c) ABCD, BCGF

994 a) ADHE b) DCGH c) ABFE d) ABCD

995 a) AE, CG, DH b) FG, EH, CG, DH c) EFGH, CGHD

996 a) DC, HG c) AE, DH e) FG
b) AE, BF d) AB, EF f) GH

997 a) DCGH, EFGH b) ABCD, ADHE c) ABFE, DCGH

998 a) BF || ADHE b) GH || ABFE c) AB $\perp$ BCGF d) CG liegt in BCGF

999 a) ABCD b) ABFE, DCGH

1000 a) waagrecht: AB, BF, FE, EA, DC, CG, GH, HD
lotrecht: BC, FG, EH, AD
b) waagrecht: BC, CG, GF, FB, AD, DH, HE, EA
lotrecht: AB, DC, HG, EF

1001 a) waagrecht: EFGH, ABCD
lotrecht: ABFE, BCGF, DCGH, ADHE
b) waagrecht: CGHD, ABFE
lotrecht: ABCD, BCGF, EFGH, ADHE

1002 a) waagrecht: AE, BF, CG, DH, AD, BC, FG, EH
lotrecht: AB, CD, GH, EF
b) waagrecht: AE, BF, CG, DH, AD, BC, FG, EH
lotrecht: EF, GH, AB, CD

1003 bis **1012** Siehe Buch Seite 282!

1013 1) und 2) zB:

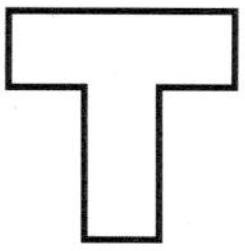

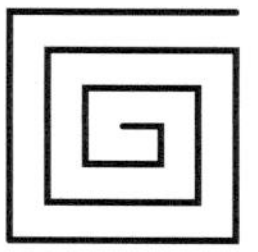

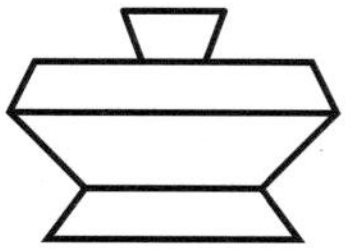

K 1014 zB: A, E, F, H, I, K

1015 $A \in g$; $B \in g$; $C \notin g$; $A \notin h$; $B \notin h$; $C \in h$

1016 **1)** $\overline{AB} = 25$ mm, $\overline{CD} = 40$ mm, $\overline{EF} = 18$ mm, $\overline{GH} = 18$ mm, $\overline{IJ} = 34$ mm
2) $\overline{CD} > \overline{AB}$, $\overline{EF} < \overline{AB}$, $\overline{GH} < \overline{AB}$, $\overline{IJ} > \overline{AB}$

K 1017 **1)** Vergleiche mit Buch Seite 184!
2) Vergleiche mit Aufgabe 1016 1)!

K 1018 Vergleiche mit der Angabe zu Aufgabe 1016 1)!

K 1019 Vergleiche mit Buch Seite 186!

1020 **1)** zB: PQRSTRPTQ; ja, es gibt mehrere Möglichkeiten.
2) zB: möglich: Q
nicht möglich: R, S, T

1021 zB:

1022 I, L, M, N, V, W, Z

1023 **a)**

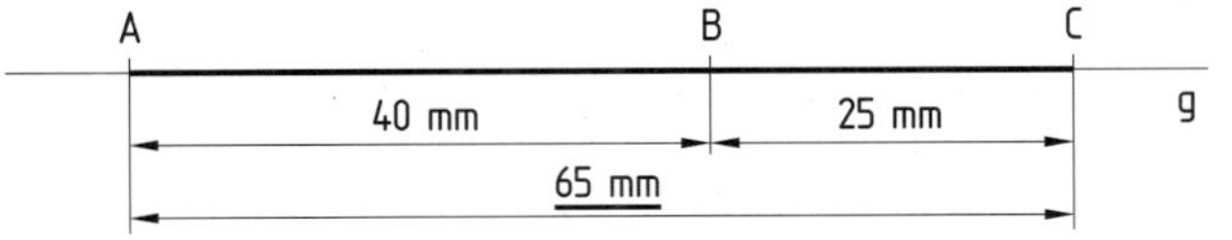

b)

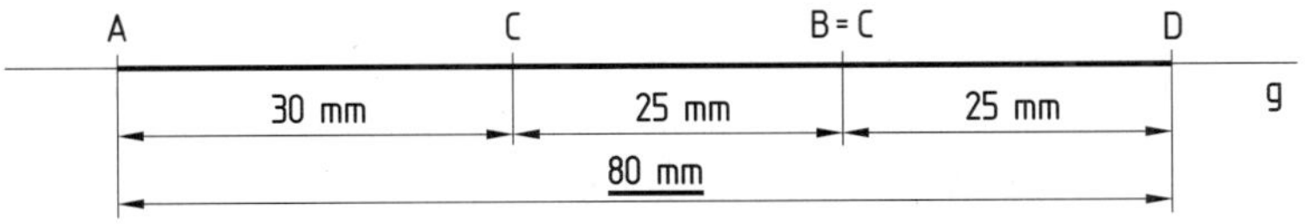

c)

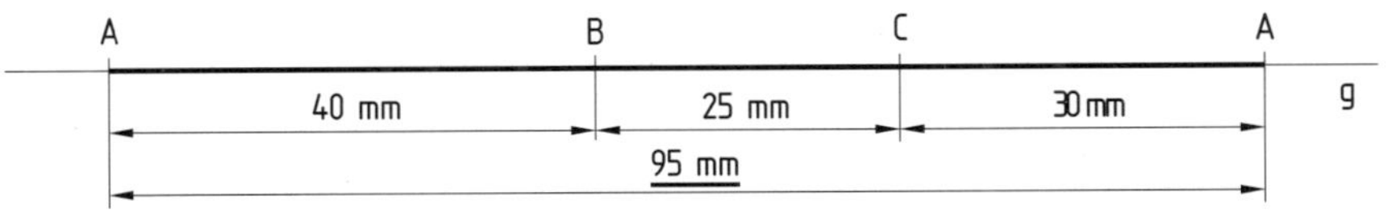

1024 **a)**

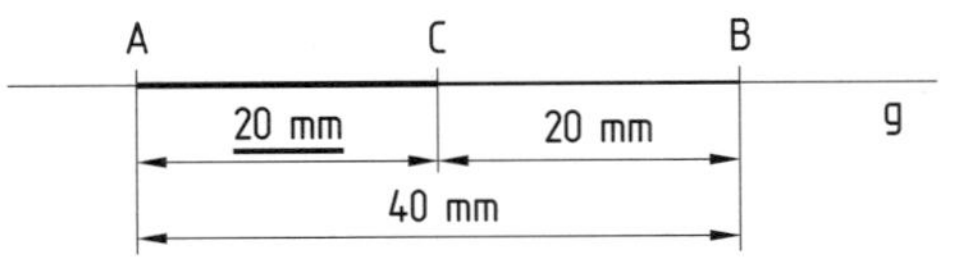

b)

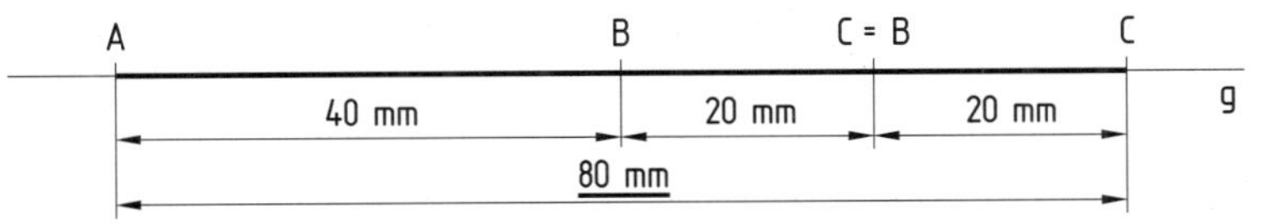

c)

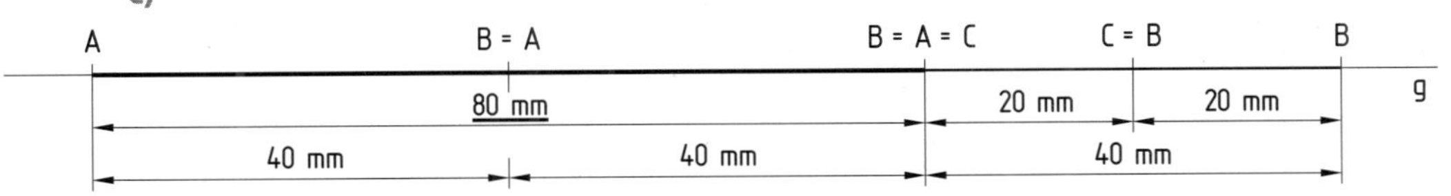

1025 a)

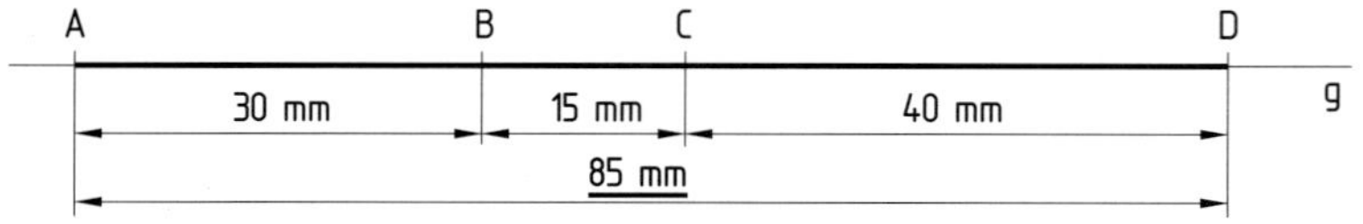

b)

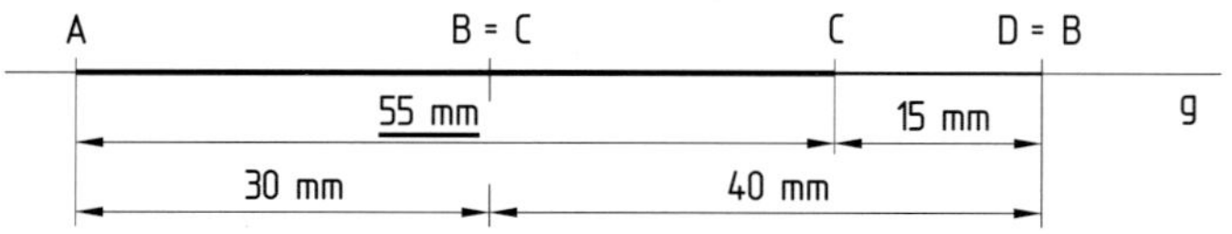

c)

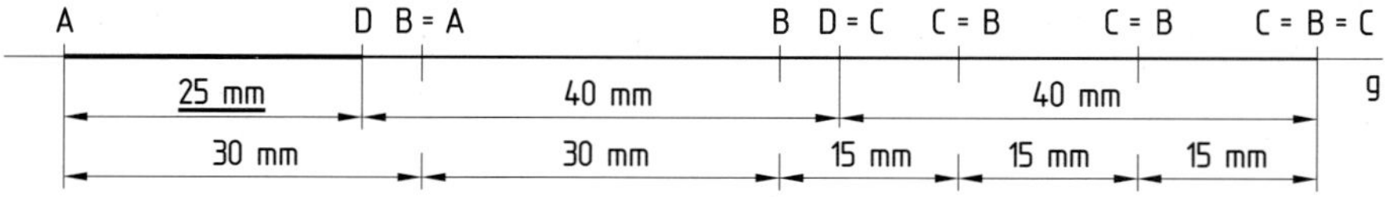

d)

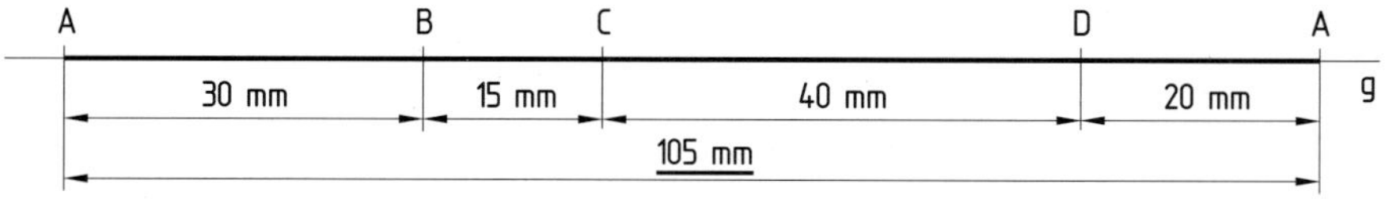

K 1026 Vergleiche mit den Aufgaben 1023, 1024, 1025!

a) 119 mm b) 73 mm c) 62 mm d) 30 mm e) 55 mm f) 19 mm

K 1027 zB: 1)

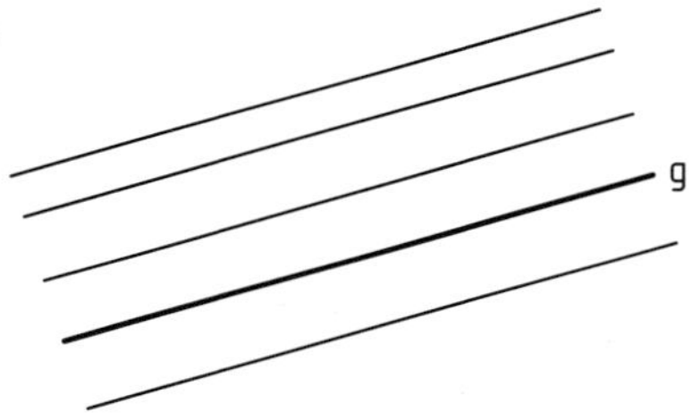

K 1028 Vergleiche Aufgabe 1027!

K 1029 Vergleiche Aufgabe 1027!

1030 zB:

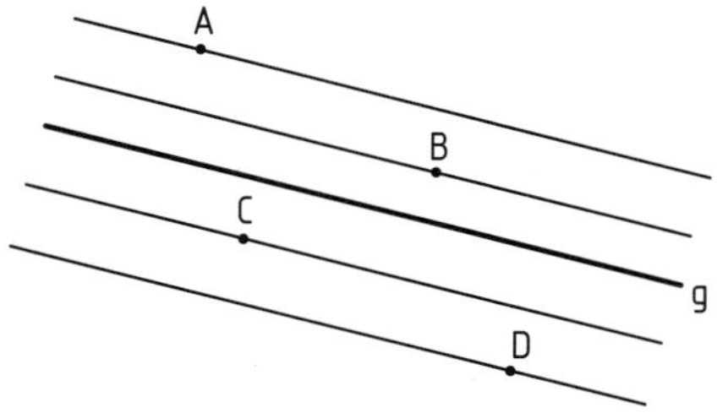

K 1031 Verfahre wie in Aufgabe 1027!

1032 zB: 1)

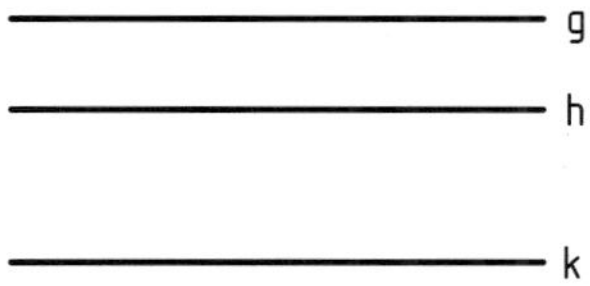

2)

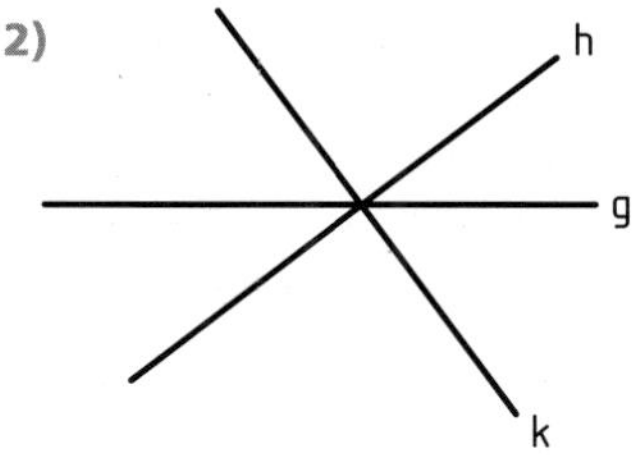

1033 zB: a) 1)

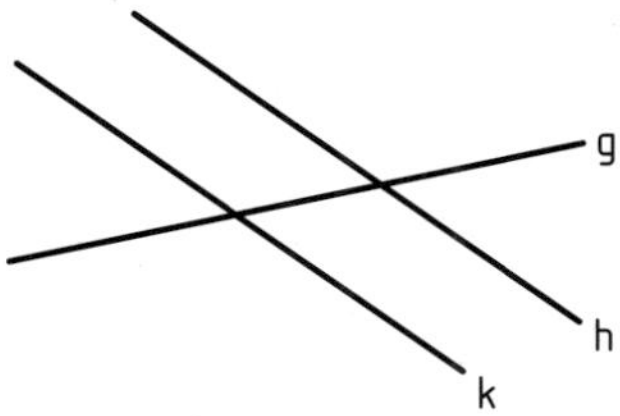

2)

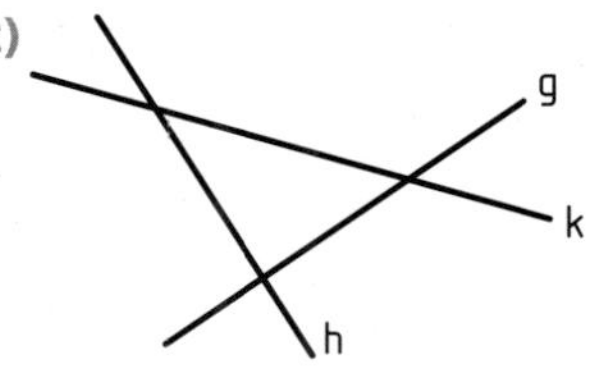

b) Drei Gerade können nicht mehr als 3 Schnittpunkte haben.

1034 zB: 1)

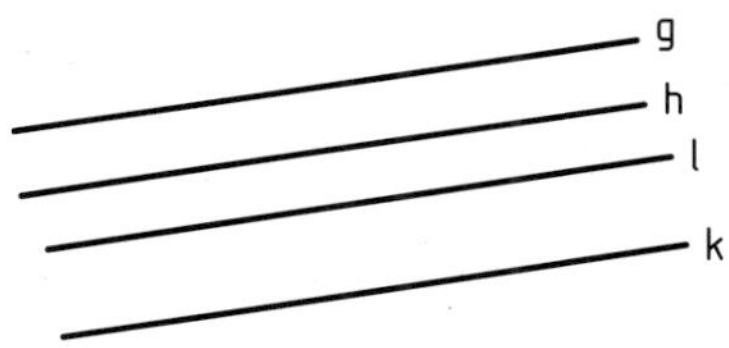

2)

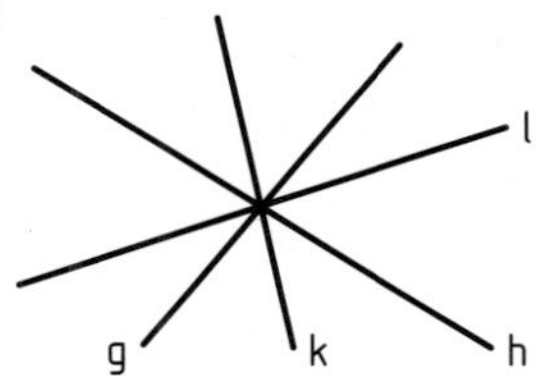

1035 zB: 1) nicht möglich

2)

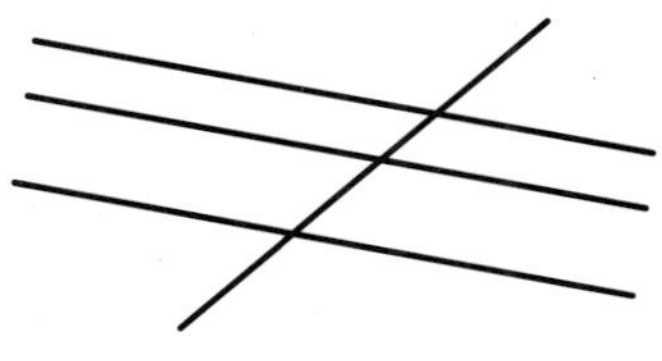

3)

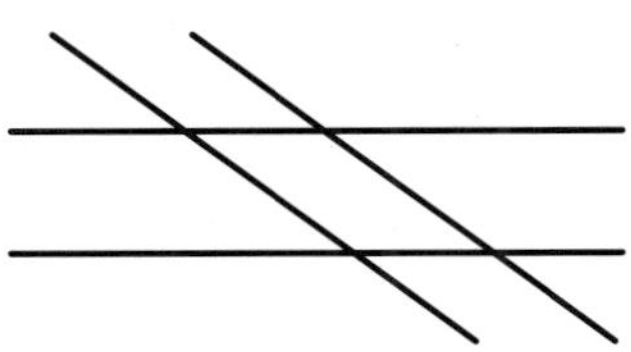

4)

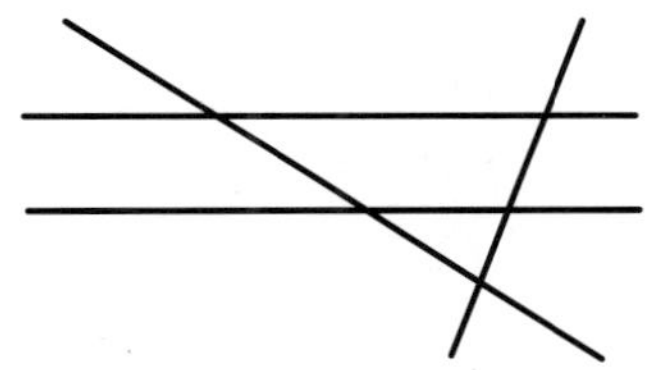

5)

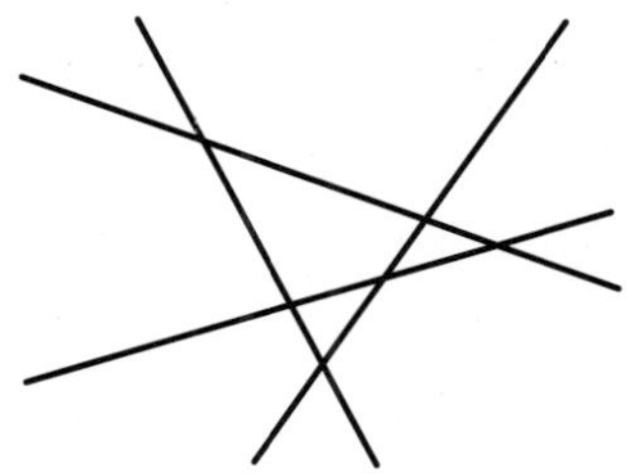

6) nicht möglich

1036 a), b), c) und d) Die orange gezeichneten Geraden sind parallel zueinander.

K 1037 Arbeite genau!

K 1038 zB: **1)**

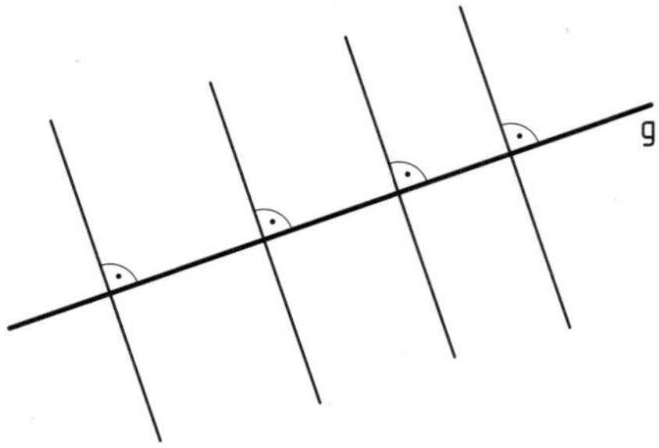

1039 zB: **1)**

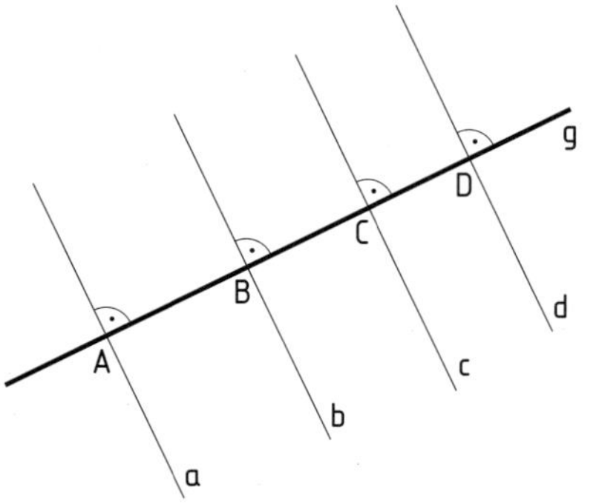

2) g ∩ a = {A}; g ∩ b = {B}; g ∩ c = {C}; g ∩ d = {D}

1040 zB:

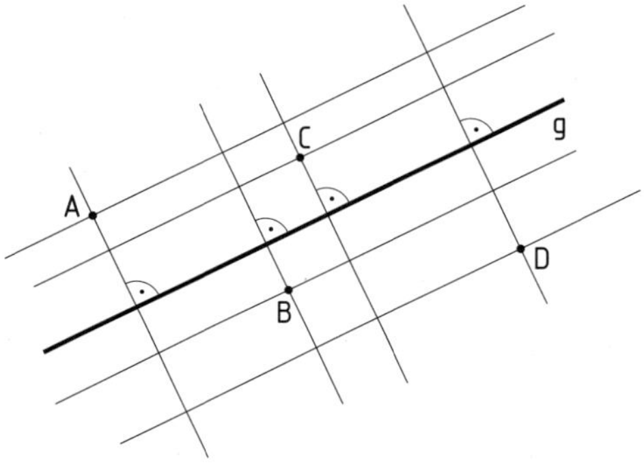

K 1041 **a)** zB:

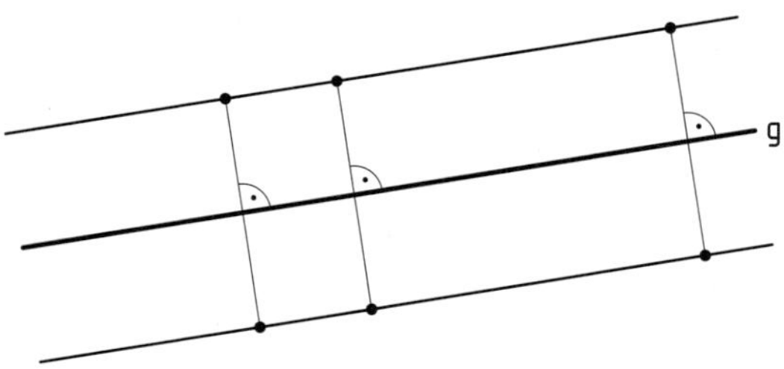

Es gibt zwei Parallele.

b) Vergleiche mit a)!

1042 zB:

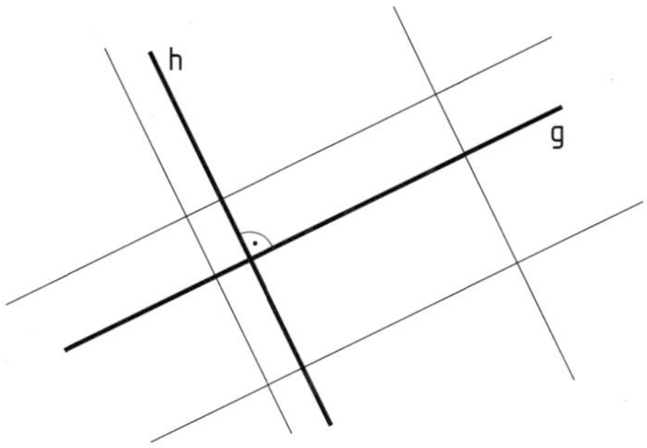

1043 zB:

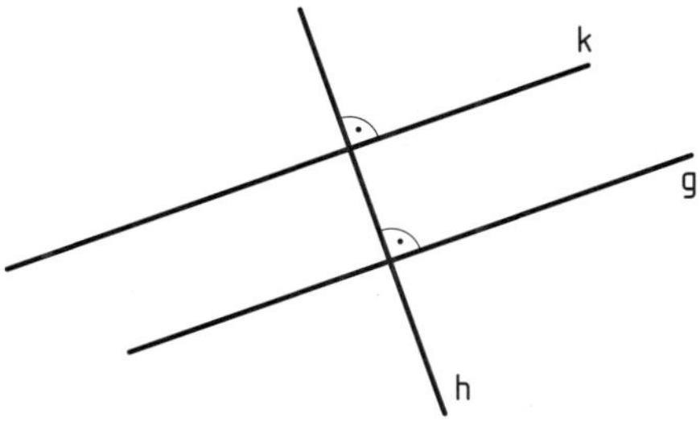

Die Gerade k ist zur Geraden g parallel.

1044 Je zwei benachbarte Seiten stehen normal aufeinander.

1045 zB: α, β, γ sind spitze Winkel; δ, ε_1, ε_2 sind stumpfe Winkel.

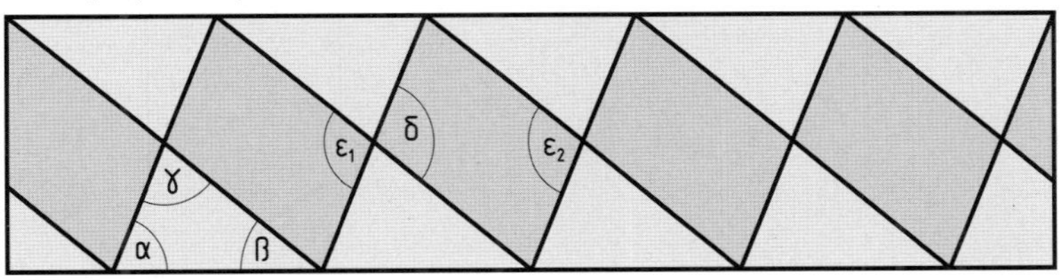

1046
a) 1) spitzer Winkel 2) $\alpha = \sphericalangle uv$
b) 1) stumpfer Winkel 2) $\beta = \sphericalangle xy$
c) 1) erhabener Winkel 2) $\gamma = \sphericalangle rs$
d) 1) spitzer Winkel 2) $\delta = \sphericalangle mn$

K **1047** Vergleiche mit Aufgabe 1046!

1048
a) rechter Winkel, 90°
b) gestreckter Winkel, 180°
c) spitzer Winkel, 60°
d) erhabener Winkel, 240°

1049
a) spitzer Winkel; 30°
b) stumpfer Winkel; 120°
c) erhabener Winkel; 210°
d) erhabener Winkel; 270°
e) erhabener Winkel; 330°
f) voller Winkel; 360°

1050 a) $90° < \alpha < 180°$ b) $180° < \alpha < 360°$

1051 a) spitzer Winkel
b) stumpfer Winkel
c) gestreckter Winkel
d) erhabener Winkel
e) erhabener Winkel
f) spitzer Winkel
g) stumpfer Winkel
h) erhabener Winkel
i) erhabener Winkel
j) spitzer Winkel

1052 a) spitzer Winkel
b) erhaberner Winkel
c) spitzer Winkel
d) spitzer Winkel

1053 a) spitzer Winkel
b) stumpfer Winkel
c) gestreckter Winkel
d) spitzer Winkel
e) erhabener Winkel
f) erhabener Winkel
g) erhabener Winkel
h) erhabener Winkel

1054 a) spitzer Winkel
b) stumpfer Winkel
c) spitzer Winkel
d) rechter Winkel
e) spitzer Winkel
f) stumpfer Winkel

1055 36°

1056 24°

1057 a) $\alpha = 45°$ b) $\beta = 90°$ c) $\gamma = 135°$ d) $\delta = 30°$

K 1058 a) $\alpha = 23°$ b) $\beta = 22°$, $\gamma = 68°$ c) $\delta = 70°$, $\varepsilon = 70°$ d) $\omega = 118°$

K 1059 zB: a) $\alpha = 75°$ b) $\beta = 152°$

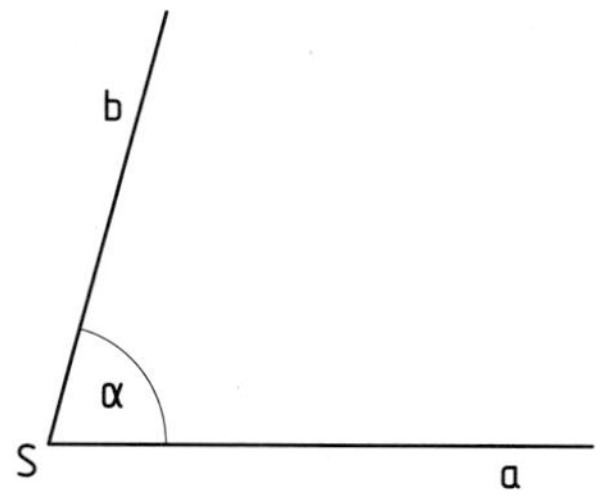

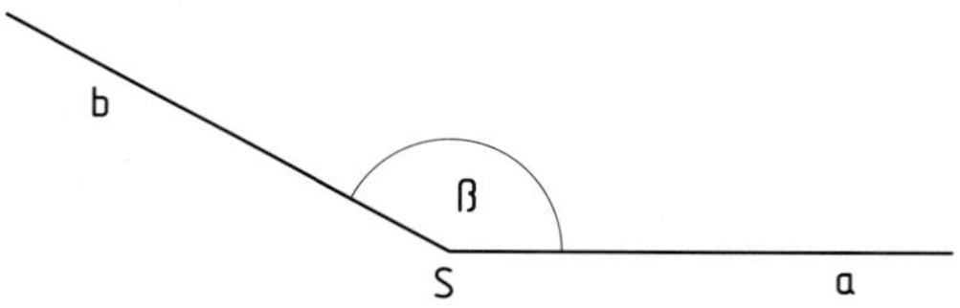

K 1060 Vergleiche mit Aufgabe 1059!

K 1061 Vergleiche mit Aufgabe 1059!

K 1062 Vergleiche mit Aufgabe 1059!

1063 a) $\alpha = 47°$

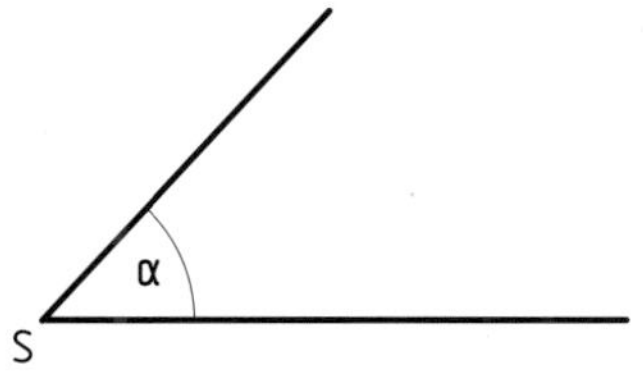

b) $\beta = 118°$

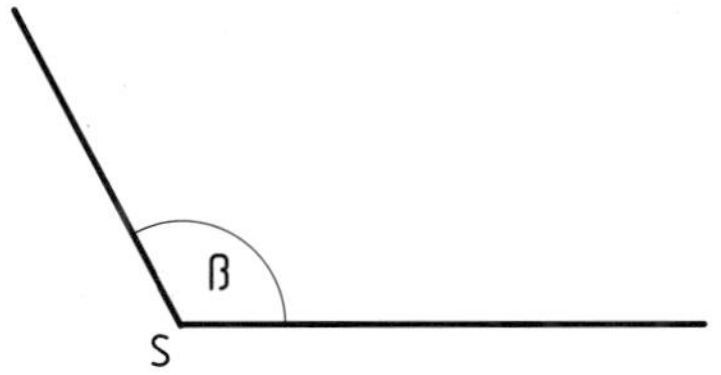

c) $\gamma = 171°$

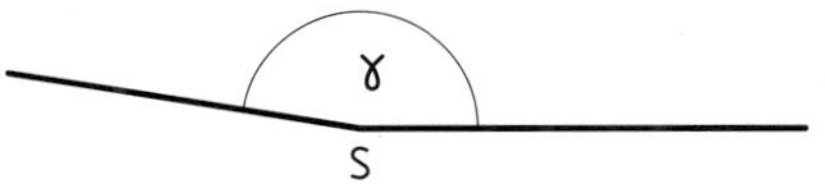

d) $\delta = 244°$

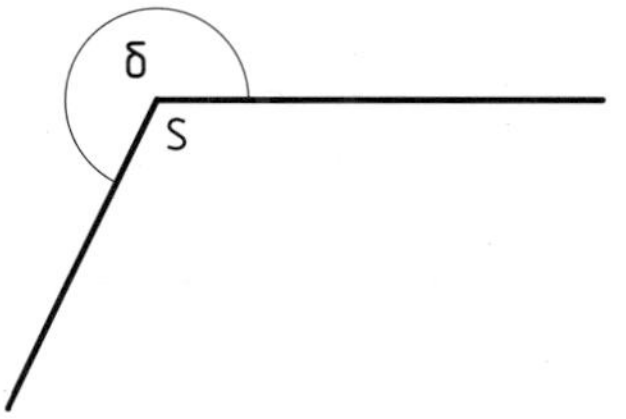

e) $\varepsilon = 294°$

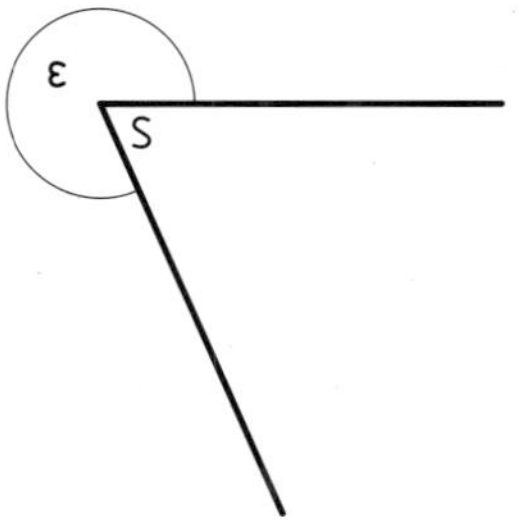

K 1064 zB: Schmetterling, Vase, Flasche.

1065 a)

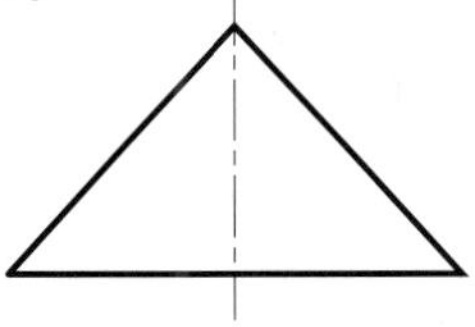

b)

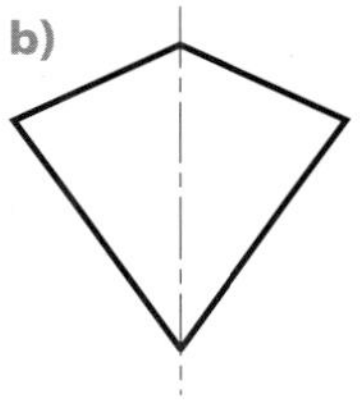

c)

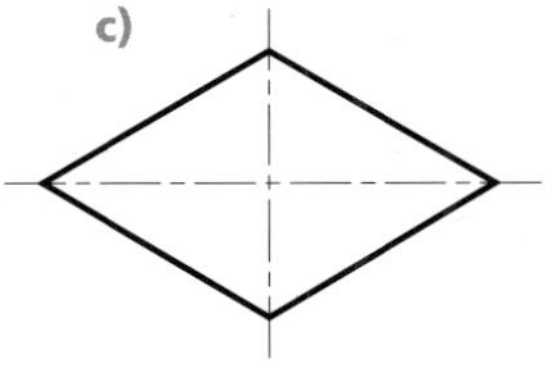

d)

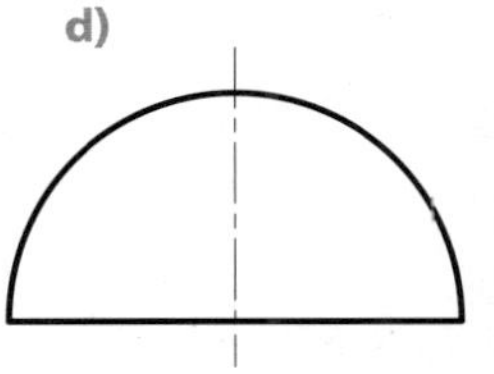

1066 zB: Rechteck

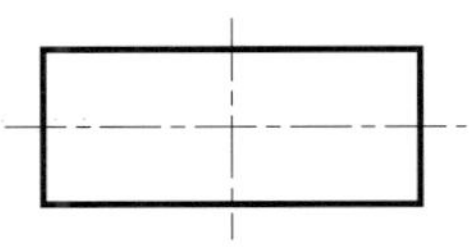

Quadrat

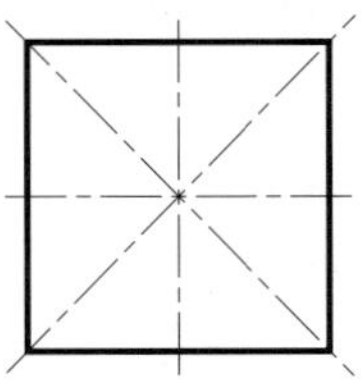

Regelmäßiges Achteck

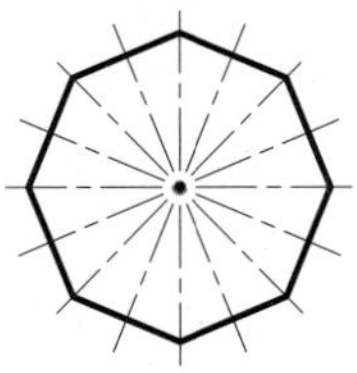

1067 eg a) isosceles triangle

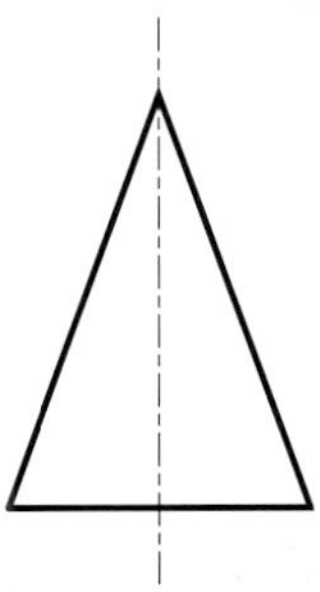

b) rectangle

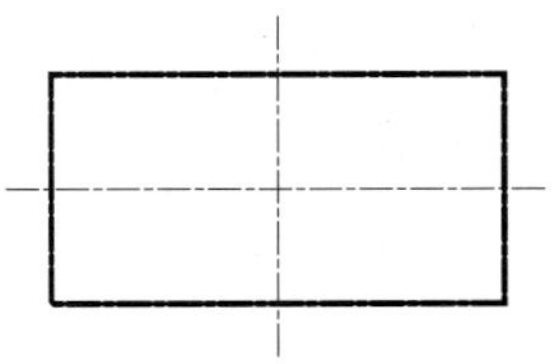

c) regular haxagon

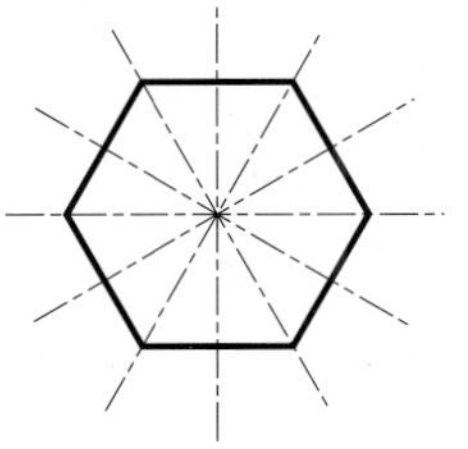

K 1068 1) A, B, C, D, E, I, K, M, T, U, V, W, Y 2) H, O, X

1069 zB: 1) Fenster, Ornamente, Brücken
2) Schraubenköpfe, Zahnräder, Batterie
3) Kleeblatt, Schmetterling, Blüten

1070

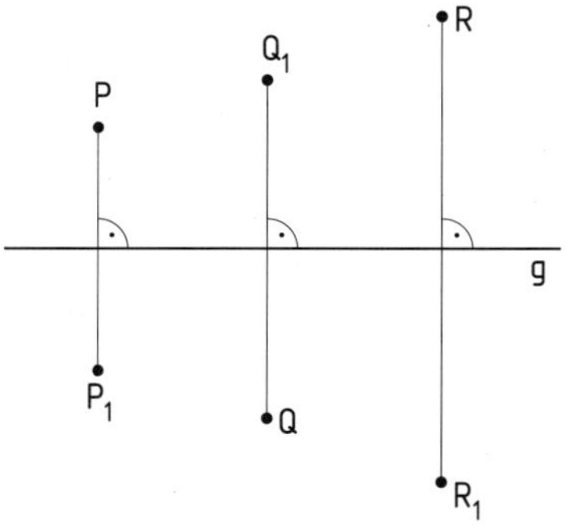

1071 a)

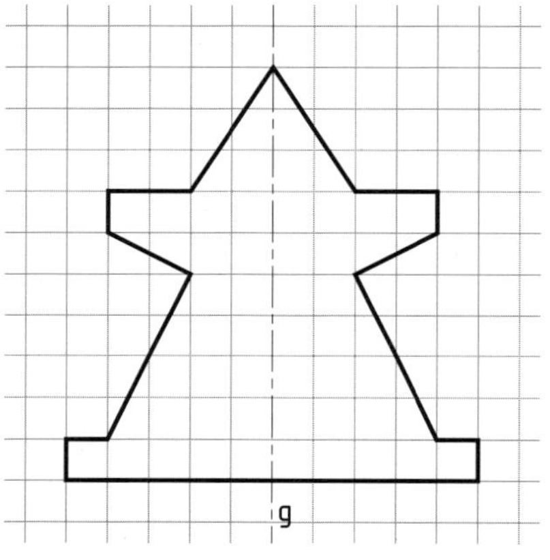

b)

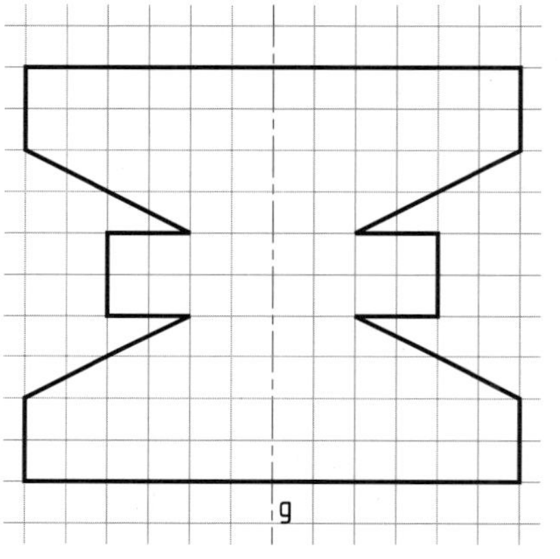

K 1072 Vergleiche mit Aufgabe 1071!

1073 bis **1082** Siehe Buch Seite 282!

K 1083 Vergleiche Buch Seite 205!

K 1084 Vergleiche mit Aufgabe 1083!

K 1085 Vergleiche mit Aufgabe 1083!
Der Kreis hat unendlich viele Symmetrieachsen.

K 1086 Vergleiche mit Aufgabe 1083!
Alle Symmetrieachsen gehen durch den Mittelpunkt M.

K 1087 a) und b) Verwende verschiedene Farben!

1088 a) $P \in k$, $\overline{PM} = r$ c) $R \in K$, $\overline{RM} < r$ e) $V \notin k$, $\overline{VM} < r$
b) $Q \notin k$, $\overline{QM} > r$ d) $U \in K$, $\overline{UM} = r$ f) $W \notin k$, $\overline{WM} > r$

1089 a)

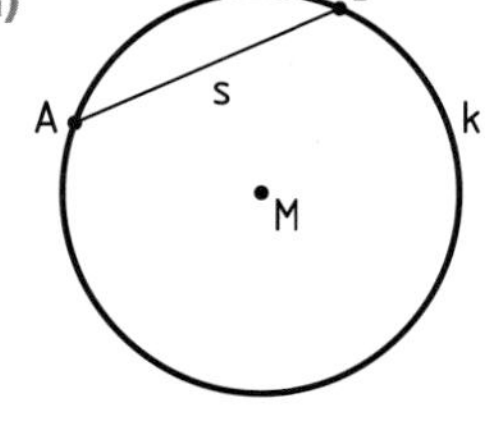

b)

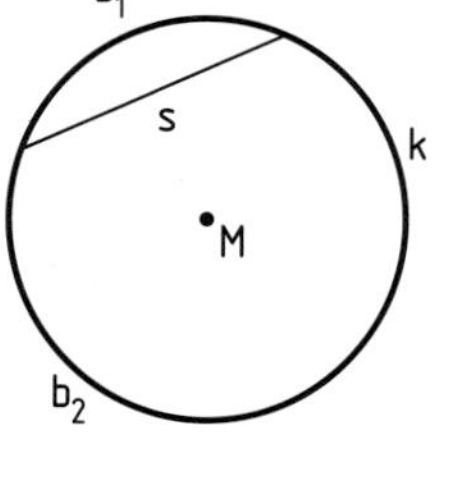

c)

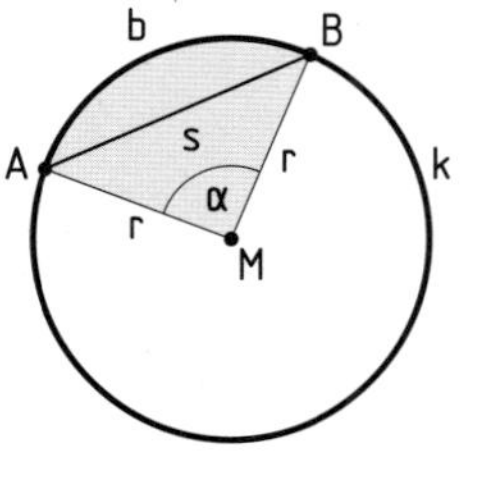

1090 zB:

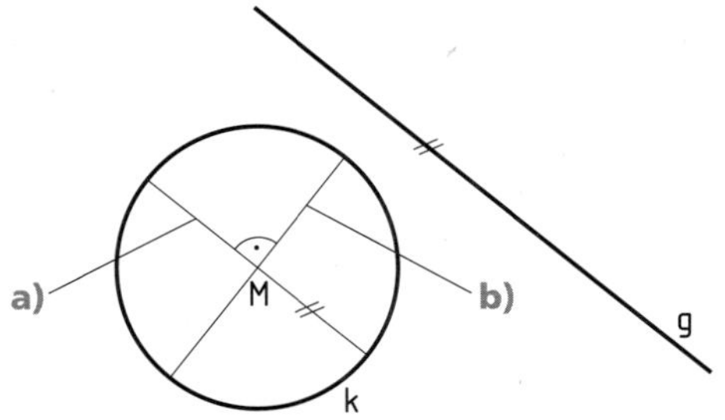

K 1091 Der Streckenzug ABCDA ist ein Quadrat mit der Seitenlänge 51 mm.

1092 Der Streckenzug ABCDA ist ein Rechteck.

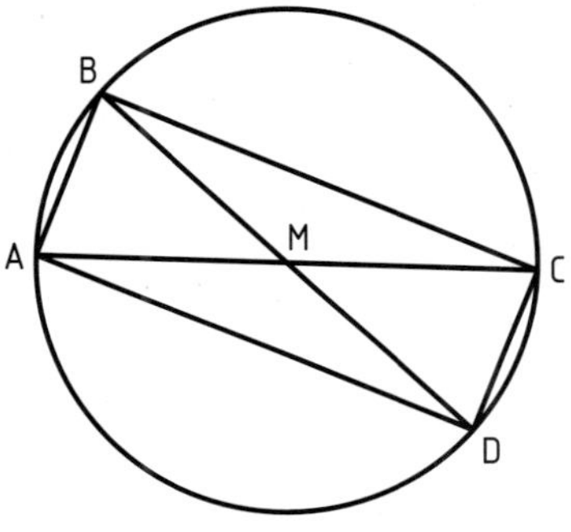

K 1093 Vergleiche mit Aufgabe 1089 b)!
Der Abstand Sehne – Mittelpunkt des Kreises beträgt:
a) 19 mm **b)** 47 mm **c)** 36 mm

K 1094 Vergleiche mit Aufgabe 1089 c)!
a) $\alpha = 121°$ **b)** $\alpha = 54°$ **c)** $\alpha = 60°$

K 1095 **a)** s = 46 mm **b)** s = 47 mm **c)** s = 88 mm

K 1096 **a)** s = 59 mm, a = 30 mm **b)** s = 95 mm, a = 47 mm **c)** 49 mm, a = 25 mm

K 1097 **a)** a = 34 mm **b)** a = 31 mm **c)** a = 20 mm

K 1098 **a)**, **b)**, **c)** und **d)** Je zwei gegenüberliegende Seiten sind zueinander parallel. $\alpha = 60°$

K 1099 **a)** Die beiden Kreise liegen nebeneinander. Sie haben keinen Punkt gemeinsam.
b) Die beiden Kreise berühren einander von außen.
c) Die beiden Kreise schneiden einander in zwei Punkten.
d) Der Kreis k_2 berührt den Kreis k_1 von innen.
e) Der Kreis k_1 schließt den Kreis k_2 ein.
f) Die beiden Kreise schneiden einander in zwei Punkten.

K 1100 a) Die beiden Kreise liegen nebeneinander. Sie haben keinen Punkt gemeinsam.
b) Die beiden Kreise berühren einander von außen.
c) Die beiden Kreise schneiden einander in zwei Punkten.
d) Die beiden Kreise sind konzentrisch.

K 1001 $\overline{M_1M_2} = 50$ mm

K 1102 a) Die beiden Kreise schneiden einander in 2 Punkten.
b) $r_2 = 9$ mm
c) $r_2 > 105$ mm
d) $\overline{M_1M_2} = 0$ mm

1103 zB: Zielscheibe beim Bogenschießen, Zahnkranz beim Fahrrad, …

1104

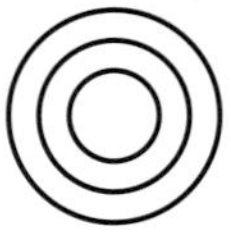

1105 Compare with 1104!

K 1106 Vergleiche mit Aufgabe 1104!

K 1107 Vergleiche mit Aufgabe 1104!
a) Der Radius des inneren Kreises beträgt 3 cm.
b) Der Radius des äußeren Kreises beträgt 35 mm.

K 1108 Vergleiche mit Buch Seite 210!

1109 a) $n < r$ b) $n = r$ c) $n > r$

1110 zB:

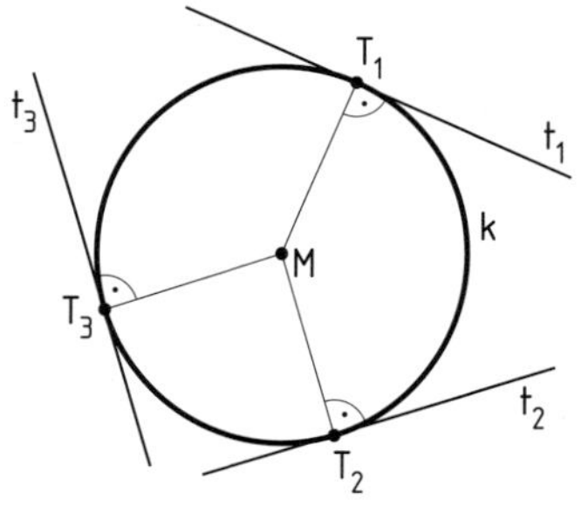

K 1111 zB:

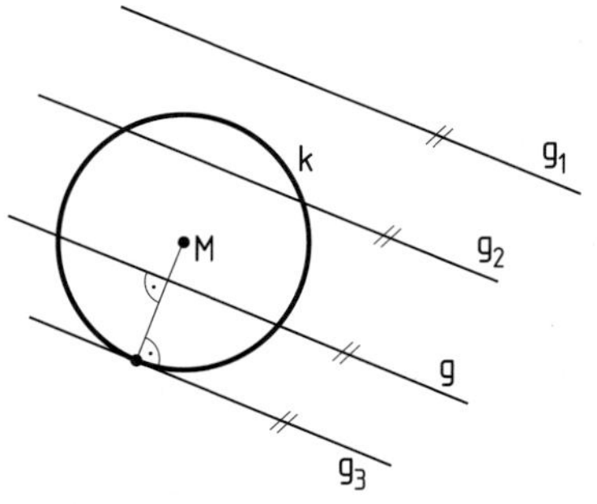

K 1112 Vergleiche mit Aufgabe 1111!

1113 eg

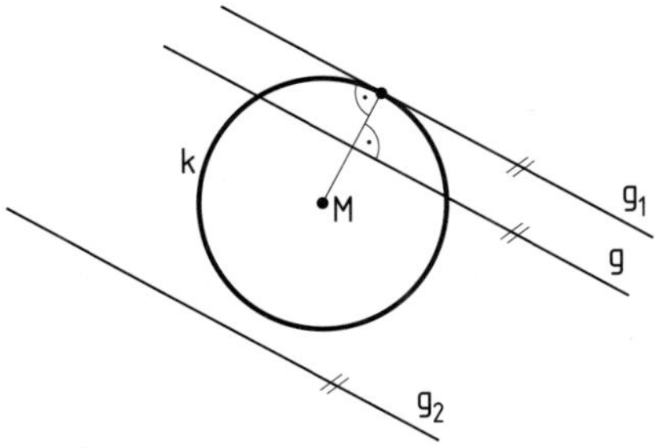

K 1114 eg

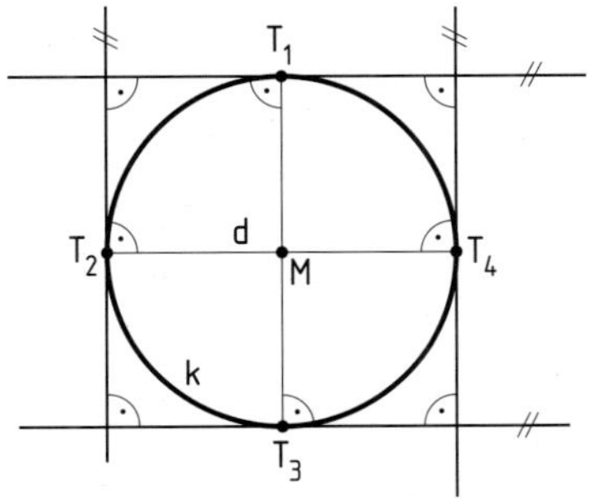

K 1115 1) Längen der Kreissehnen: 53 mm, 69 mm, 77 mm
2) Die längste Kreissehne (Durchmesser) ist 8 cm lang und geht durch den Mittelpunkt.

1116 zB:

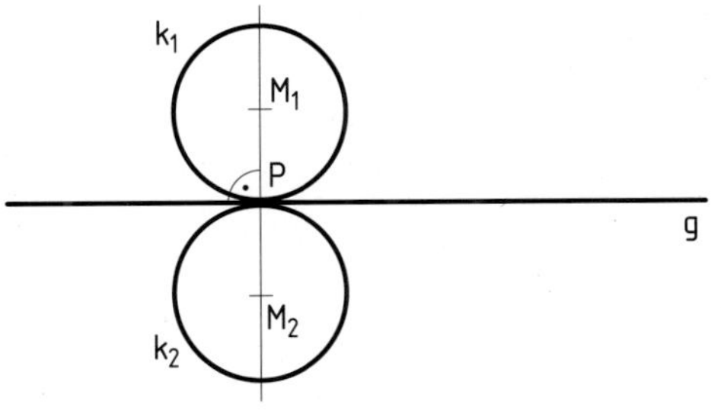

1117 zB.

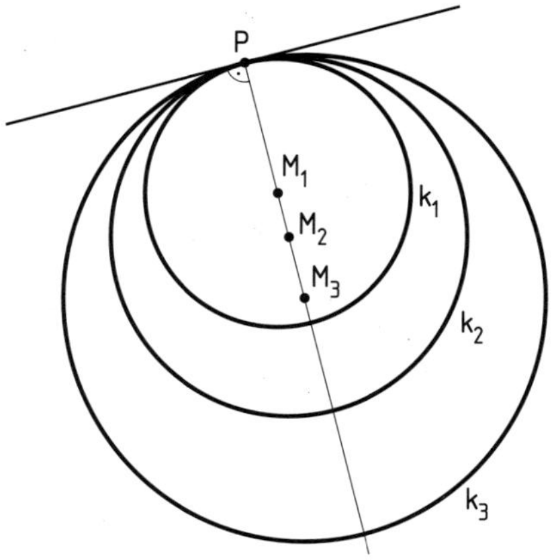

K **1118** Es gibt zwei solche Tangenten. Ihr Abstand voneinander beträgt 6 cm.

K **1119** Es gibt vier Tangenten; sie bilden ein Quadrat.

K **1120** Die Tangente ist bezüglich des kleinsten Kreises Passante und bezüglich des größten Kreises Sekante.

1121

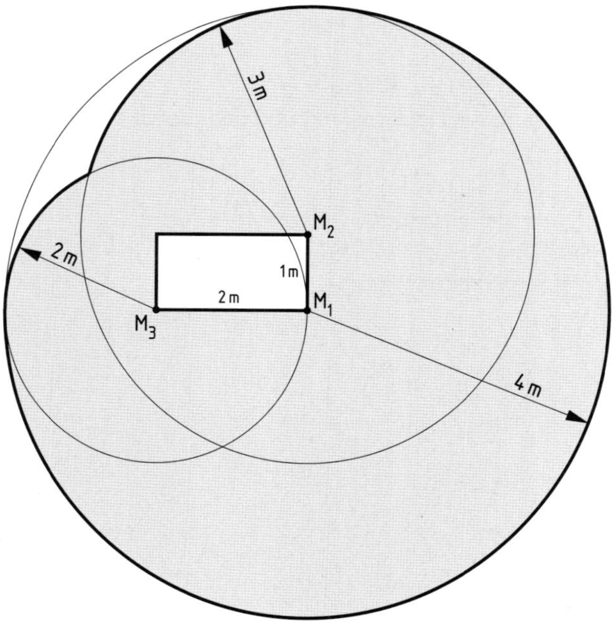

1122 bis **1130** Siehe Buch Seite 282!

1131 zB: Bodenfliesen, Straßenbahnfahrschein, Kreditkarte

1132

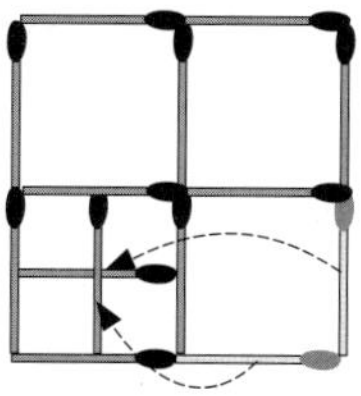

1133 a) r b) r c) f d) f e) f f) r

1134 a) AB ⊥ AD b) AC ⊥ BD c) BC ⊥ CD d) AD ∥ BC

K 1135 Vergleiche mit dem Beispiel auf Seite 217!
Länge der Diagonale:
a) 91 mm b) 113 mm c) 106 mm

K 1136 Länge der Diagonale:
a) 57 mm b) 99 mm c) 49 mm d) 66 mm e) 78 mm f) 89 mm

K 1137 a) Achte auf die rechten Winkel!
b) Achte auf die vier gleich langen Seiten!

K 1138 Länge einer Diagonale: 76 mm.
Es gibt zwei Symmetrieachsen:

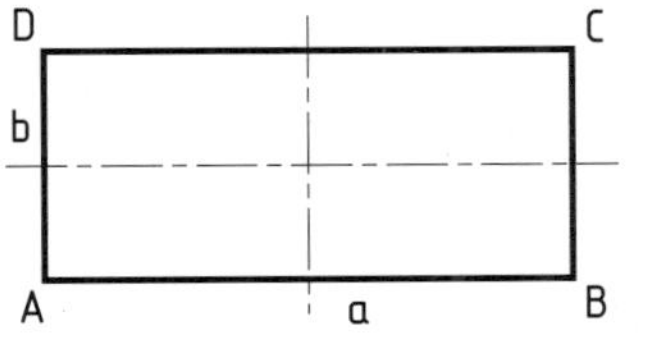

K 1139 Länge einer Diagonale: 70 mm. Vergleiche mit der Lösung zu Aufgabe 1138!

K 1140 zB: a)

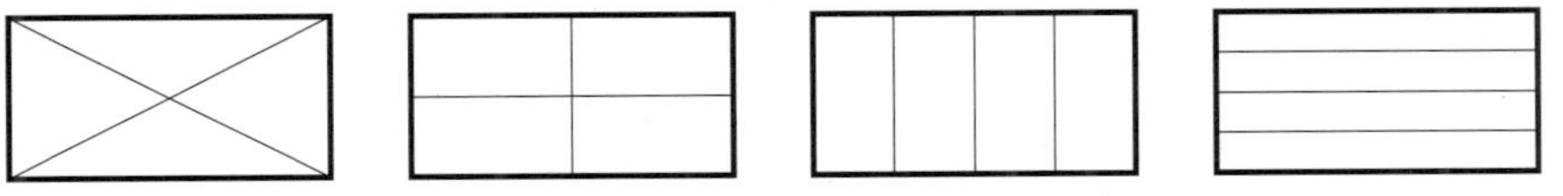

b)

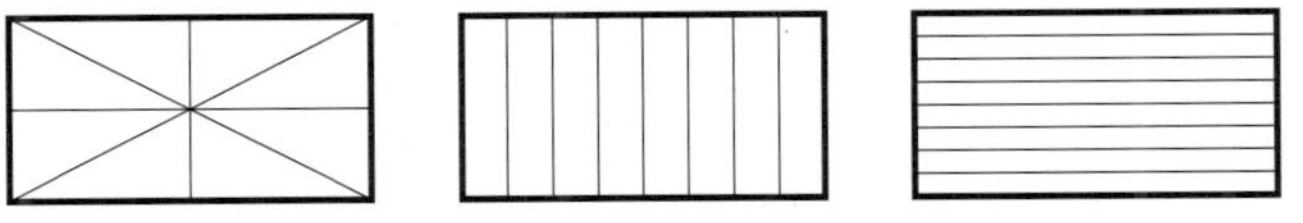

K 1141

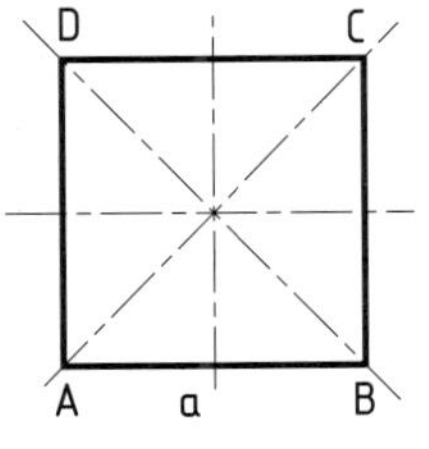

Das Quadrat hat 4 Symmetrieachsen.

K 1142 Vergleiche mit der Lösung zu Aufgabe 1141!

K 1143 Die Schnittpunkte S_1 und S_2 sind von S jeweils gleich weit entfernt. Es gilt: $\overline{S_1S} = \overline{S_2S}$

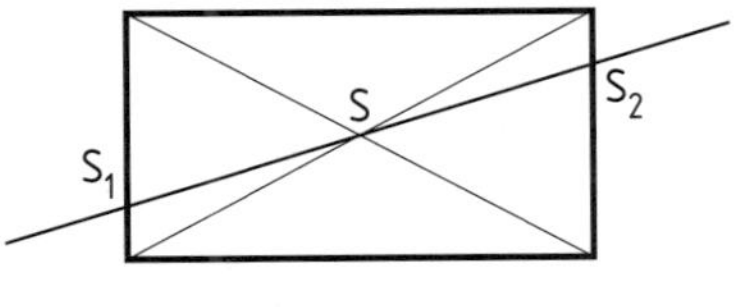

K 1144 Vergleiche mit der Figur im Buch!
Umkreisradius: a) 33 mm b) 43 mm c) 4 cm 1 mm

K 1145 Vergleiche mit der Figur im Buch!
Umkreisradius: a) 30 mm b) 43 mm c) 4 cm d) 3 cm 5 mm

K 1146 a) 1) $\alpha = 24°$, $\beta = 66°$, $\gamma = 48°$, $\delta = 132°$ 2) $\alpha + \beta = 90°$, $\gamma + \delta = 180°$
b) 1) $\alpha = 32°$, $\beta = 58°$, $\gamma = 64°$, $\delta = 116°$ 2) $\alpha + \beta = 90°$; $\gamma + \delta = 180°$

K 1147 1) Compare with the drawing on page 216!
2) d = 81 mm, α = 73°, β = 107°
3) Compare with the drawing on page 218!

K 1148 1) Compare with the drawing on page 216!
2) Compare with the drawing on page 218!
d = 76 mm

K 1149

Rechteck	a)	b)	c)
u	16 cm	18 cm 4 mm	17 cm 8 mm

1150

Rechteck	1)	2)	3)	4)
a	23 mm	30 mm	26 mm	21 mm
b	19 mm	12 mm	16 mm	21 mm
u	84 mm	84 mm	84 mm	84 mm

Die vier Rechtecke haben gleichen Umfang.

1151

Rechteck	1	2	3	4	5
Umfang	18 cm	18 cm	18 cm	18 cm	18 cm

Die fünf Rechtecke haben gleichen Umfang.

1152 a) 4 m 6 dm b) 5 m 1 dm c) 5 m 8 dm

1153 a) 30 m 15 cm b) 47 m 5 dm c) 38 m 1 dm

1154 Die Umzäunung kostet 1 014 €.

K 1155 a) u = 12 cm 8 mm c) u = 17 cm 2 mm e) u = 36 cm 4 mm
b) u = 15 cm 2 mm d) u = 4 dm 8 mm f) u = 4 dm 4 cm

1156 a) u = 152 m c) u = 120 km 800 m
b) u = 78 m d) u = 4 km 12 m

1157 921 m 20 cm

1158 1) 1. Art: Subtrahiere vom Umfang das Doppelte der gegebenen Seite und dividiere das Ergebnis durch 2.
2. Art: Dividiere den Umfang durch 2 und subtrahiere vom Ergebnis die gegebene Seite.
a) b = 117 m c) b = 66 cm 5 mm e) a = 450 m
b) a = 852 m d) a = 2 dm 1 cm 2 mm f) b = 930 m
2) 1. Art: $b = (u - 2 \cdot a) : 2$ bzw. $a = (u - 2 \cdot b) : 2$
2. Art: $b = (u : 2) - a$ bzw. $a = (u : 2) - b$

1159 1) a) a = 162 m c) a = 2 m 27 cm e) a = 925 m
b) a = 2 m 18 cm d) a = 1 m 35 cm
2) $a = u : 4$

1160 Die kürzere Seite des zweiten Rechtecks ist 9 m lang.

1161 Die andere Seite des zweiten Rechtecks ist 5 m 7 dm lang.

1162 a) 3 dm 9 cm b) 3 m 1 dm c) 3 m 25 cm d) 5 m 55 cm 5 mm

1163 a) 8 m 64 cm b) 7 m 8 dm

1164 a) 163 m b) 206 m 1 dm c) 190 m 4 dm

1165 zB:
1 mm²: Stecknadelkopf;
1 cm²: Daumennagel, Seitenfläche eines Würfelzuckers;
1 dm²: Quadratische Schokoladetafel, CD-Hülle;
1 m²: Platte eines kleinen Tisches

1166 a) 0,04 m² b) 0,35 m² c) 1,02 m² d) 0,0076 m² e) 0,0269 m² f) 0,2406 m² g) 0,0007 m² h) 0,19 m² i) 1,05 m² j) 0,0105 m²

1167 a) 3,75 m² b) 8,02 m² c) 3,5 m² d) 8,0072 m² e) 0,4502 m² f) 0,0101 m² g) 2,202 m² h) 1,125 m²

1168
a) 2 m² 48 dm² 90 cm²
b) 3 m² 21 dm² 60 cm²
c) 40 dm² 60 cm²
d) 6 a 7 m² 40 dm²
e) 4 m² 56 dm²
f) 12 dm² 4 cm²
g) 2 dm² 90 cm² 50 mm²
h) 1 dm² 30 mm²
i) 2 dm² 98 cm² 70 mm²
j) 17 cm² 12 mm²

1169
a) 1 sq yd = 83 dm² 61 cm²
b) 1 sq ft = 9 dm² 29 cm²
c) 1 sq in = 6 cm² 45 mm²
d) 1 a = 40 Ar 47 m²

1170
a) Es sind rund 199 m² (198,3) auszumalen.
b) Man benötigt mindestens 21 m² (20,7) Abdeckpapier.

1171
1) Bodenfliesen: ≈ 16 m² (15,68); Parkettboden: ≈ 55 m² (54,83)
2) Bodenfliesen: ≈ 15 m²; Parkettboden: ≈ 55 m²
Durch das Runden der einzelnen Flächeninhalte ergibt sich bei den Bodenfliesen ein Unterschied von 1 m².

1172 Anzahl der benötigten Fliesen: mindestens <u>193</u> (192,1 …). Mindestkosten: 752,70 €

1173 Man benötigt rund <u>278</u> Fliesen (277,7 …).
Die Mindestkosten betragen 642 €.

1174
1) Die Wohnung ist 76,81 m² groß.
2) a) ≈ 2,41 € (2,412 …)
b) ≈ 7,36 € (7,355 …)

1175 zB:
1) 1 a: eine Vierzimmerwohnung; das Bassin eines Freibades
2) 1 ha: Fläche eines Stadions; großer Parkplatz
3) 1 km²: Golfplatz; Flughafenareal

1176 a) 0,05 km² b) 0,81 km² c) 3,5 km² d) 0,2478 km² e) 0,0485 km² f) 0,015 km² g) 0,0012 km² h) 0,0007 km² i) 0,0029 km² j) 0,00015 km²

1177
a) 1 Quadratmeile = 2 km² 58 ha 99 a 13 m²
b) 1 ungarisches Joch = 43 a 16 m²
c) 1 bayerischer Morgen = 34 a 7 m² 30 dm²
d) 1 preußischer Morgen = 25 a 53 m² 20 dm²

1178 a) 4,4 ha (4,35) b) 7,3 ha (7,25) c) 22,3 ha (22,33) d) 6,2 ha (6,235) e) 42,1 ha (42,05)

1179 Vor der Flurbereinigung: 24 ha 40 a, nach der Flurbereinigung: 26 ha 40 a.
Die Besitzgröße unterscheidet sich um 2 ha.

1180 1 091,3 ha Brachland.

1181 Der Restbesitz beträgt 8,91 ha.

1182 Jeder Käufer erwirbt 1,6627 ha.

1183 1) Jeder Käufer bekommt 1,885 ha. 2) Jeder Käufer muss 744 575 € bezahlen.

1184 a) Der Flächeninhalt von Wien beträgt 414,97 km².
b) zB: 1) Welche sind die drei größten Bezirke Wiens?
Antwort: Donaustadt, Floridsdorf und Hietzing
2) Runde alle Flächeninhalte auf km²!

I. Bez.: A ≈ 3 km²
II. Bez.: A ≈ 19 km²
III. Bez.: A ≈ 7 km²
IV. Bez.: A ≈ 2 km²
V. Bez.: A ≈ 2 km²
VI. Bez.: A ≈ 1 km²
VII. Bez.: A ≈ 2 km²
VIII. Bez.: A ≈ 1 km²
IX. Bez.: A ≈ 3 km²
X. Bez.: A ≈ 32 km²
XI. Bez.: A ≈ 23 km²
XII. Bez.: A ≈ 8 km²
XIII. Bez.: A ≈ 38 km²
XIV. Bez.: A ≈ 34 km²
XV. Bez.: A ≈ 4 km²
XVI. Bez.: A ≈ 9 km²
XVII. Bez.: A ≈ 11 km²
XVIII. Bez.: A ≈ 6 km²
XIX. Bez.: A ≈ 25 km²
XX. Bez.: A ≈ 6 km²
XXI. Bez.: A ≈ 44 km²
XXII. Bez.: A ≈ 102 km²
XXIII. Bez.: A ≈ 32 km²

1185 1) 6 250 m² 2) 2 640 m² 3) Parkplatz: 416 Autos (416,6…), Parkhaus: 176 Autos

1186 a) 5 cm² b) 4 cm² c) 3 cm² d) 3 cm²

K 1187 Vergleiche mit der Angabe zu Aufgabe 1186!

1188

	Rechteck 1	Rechteck 2	Rechteck 3	Rechteck 4	Rechteck 5
u	20 cm	20 cm	20 cm	20 cm	20 cm
A	9 cm²	16 cm²	21 cm²	24 cm²	25 cm²

Es gibt Rechtecke mit gleichem Umfang, aber verschiedenem Flächeninhalt. Das Rechteck mit 4 gleich langen Seiten, also das Quadrat, hat den größten Flächeninhalt.

1189

	Rechteck 1	Rechteck 2	Rechteck 3	Rechteck 4	Rechteck 5
u	74 cm	40 cm	30 cm	26 cm	24 cm
A	36 cm²	36 cm²	36 cm²	36 cm²	36 cm²

Es gibt Rechtecke mit gleichem Flächeninhalt, aber verschiedenem Umfang. Das Rechteck mit 4 gleich langen Seiten, also das Quadrat, hat den kleinsten Umfang.

1190 a) u = 462 m; A ≈ 12 500 m² (12 470)
b) u = 388 cm; A ≈ 9 400 cm² (9 409)
c) u = 25 m; A ≈ 33 m² (33,06)
d) u = 16,12 m; A ≈ 16,2 m² (16,2409)
e) u = 9,22 m; A ≈ 3,23 m² (3,225)
f) u = 4 520 m; A ≈ 1,1 km² (1,1088)

1191 a) 1) $b = 18$ m; $u = 104$ m 2) $b = A : a$
b) 1) $a = 3{,}3$ m; $u = 12$ m 2) $a = A : b$
c) 1) $b = 2{,}3$ km; $u = 8{,}2$ km 2) $b = A : a$

1192 a) $a_2 = 56$ cm b) $a_1 = 21$ dm

1193 a) 1) $b = 44$ m 2) $A \approx 2600$ m² (2596)
b) 1) $a = 23{,}6$ m 2) $A \approx 290$ m² (290,28)
c) 1) $b = 5{,}5$ cm 2) $A \approx 37$ cm² (37,4)

1194 a) $a = 16$ m; $A = 256$ m²
b) $a = 81$ mm; $A \approx 6560$ mm² (6561)
c) $a = 2{,}26$ m; $A \approx 5{,}11$ m² (5,1076)
d) $a = 5{,}3$ m; $A \approx 28$ m² (28,09)
e) $a = 1{,}02$ km; $A \approx 1{,}04$ km² (1,0404)

1195 zB: a)

Seitenlängen	Rechteck 1	Rechteck 2	Rechteck 3	Rechteck 4
a	20 cm	10 cm	5 cm	16 cm
b	2 cm	4 cm	8 cm	2 cm 5 mm

b)

Seitenlängen	Rechteck 1	Rechteck 2	Rechteck 3	Rechteck 4
a	17 cm	13 cm	11 cm	14 cm 5 mm
b	3 cm	7 cm	9 cm	5 cm 5 mm

1196 a) $a = 6$ cm, $b = 4$ cm b) $a = 8$ cm, $b = 3$ cm c) $a = 8$ cm, $b = 2$ cm

1197 a) $A = 1681$ cm² b) $A = 12896$ mm² c) $u = 72$ cm

1198 1) Bad: 6 m²; Küche: 9 m²; Wohnzimmer: 20 m²; Flur: 5 m²; Kinderzimmer: 12 m²; Arbeitszimmer: 12 m²; Schlafzimmer: 16 m²
2) Die gesamte Wohnfläche beträgt 80 m².
3) Die Miete beträgt 760 €.

1199 a) ≈ 7,8 m² (7,839)
b) ≈ 19,3 m² (19,2882)
c) ≈ 11,8 m² (11,76)
d) ≈ 7,2 m² (7,175)
e) ≈ 4,4 m² (4,375)
f) ≈ 2,0 m² (2,0022)

1200 Die Kosten für den Anstrich betragen rund 23 € (22,572).

1201 Man muss mindestens 5 Rollen bereitstellen.

1202 Es sind mindestens 1219 Parkettbrettchen (1218,3...) erforderlich.

1203 Geschäft A: 1134,90 €; Geschäft B: 926,50 € (926,544)

1204 a) $u = 338$ m, $A = 4893$ m² b) $u = 356$ m, $A = 5640$ m²

1205 a) $u = 304$ m, $A = 4154$ m² b) $u = 356$ m, $A = 3468$ m²

1206 1) Die Figur B hat den größten Flächeninhalt.
2) Die Figuren A, C und E haben den kleinsten Flächeninhalt.
3) Die Figuren A, C und E haben den kleinsten Umfang.
4) Figur D hat den größten Umfang.

1207 1) Die verbleibende Fläche hat den gleichen Umfang wie die ursprüngliche: $u = 40$ cm
2) Der Flächeninhalt der verbleibenden Fläche ist sicher kleiner als 100 cm². Der genaue Wert kann nicht angegeben werden.

1208 1) a = 12 cm 2) A = 24 cm²

1209 1 357.9 m² remain for the garden.

1210 1) Der Flächeninhalt des Beets beträgt rund 1,6 m² (<u>1,6125</u>).
2) Man benötigt rund 11,3 dag (11,287 5) Grassamen.

K **1211** 2) Der Flächeninhalt der zwei Streifen beträgt 200 m².
Es gehen rund 50 kg Heu verloren.

1212 1)

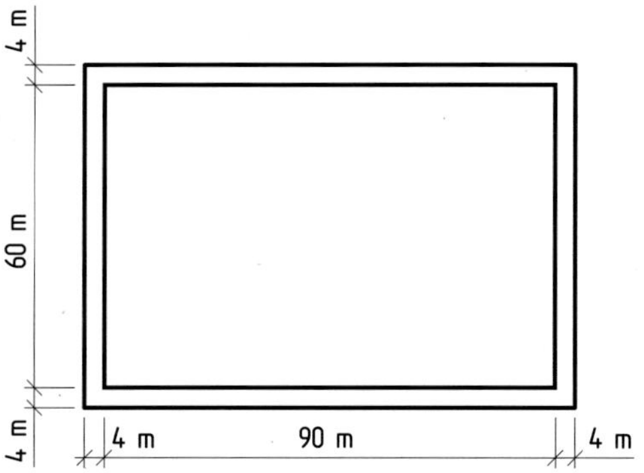

2) 5 400 m²
3) 1 264 m²
4) Es sind rund 7,6 t Kies (7,584) erforderlich.

1213 a) 1 m² dieses Grundstücks kostet rund 156 € (155,9 …).
b) Die zweite Seite ist 90 m lang. Der Umfang beträgt 242 m.

1214 a) b = 7,6 m
b) Nein, da ein Produkt verdoppelt wird, wenn ein Faktor verdoppelt wird.

1215 Es sind mindestens 14 700 Platten notwendig.

K **1216** 1) Arbeite genau!
2) Sie bilden ein Rechteck!
3) Die 4 Diagonalen schneiden einander in einem Punkt!
4) a = 10 cm; b = 9,6 cm; A = 96 m²
5) Der Flächeninhalt des entstanden Rechtecks ist doppelt so groß wie der des ursprünglichen Rechtecks!

1217 bis **1227** Siehe Buch Seite 283!

1228 a) 3 dm b) 3 m c) 30 m d) 300 m e) 3 km f) 30 km g) 300 km h) 3 000 km

1229 a) 1,5 km b) 3 km c) 6 km d) 12 km e) 30 km f) 1 200 km

1230 Die Entfernung Stephansplatz – Schönbrunn beträgt rund 5 km.

1231 a) 40 mm b) 10 mm c) 1 mm d) 2 mm

1232 a) 7,5 mm b) 25 mm c) 30 mm d) 37,5 mm

1233 a) 20 mm b) 20 mm c) 70 mm d) 50 mm

1234 a) 1 : 1000 b) 1 : 5000 c) 1 : 500000 d) 1 : 400000

1235 a) Länge: 52 mm, Breite: 28 mm b) … im Maßstab 1 : 200.

1236 1) Länge: 100 m, Breite: 80 m 2) 8 cm

1237 Länge rund 8 km; Breite rund 1,5 km
Der Flächeninhalt beträgt rund 15 km^2. (12 km^2)

1238 a) 80 cm b) 1 : 40000000

1239 a) 6,4 km b) 17,25 km c) 84,6 km

1240 a) 9 km b) 4 cm

1241 a) 90 mm b) 225 mm c) 1,125 m d) 9 dm e) 45 cm

1242 Auf der Karte im Maßstab 1 : 200000 wäre die Strecke länger.

1243 a) ≈ 15,0 m (15,04)
b) ≈ 10,1 m (10,08)
c) ≈ 13,4 m (13,44)
d) ≈ 150 m (150,08)
e) 232 m

1244 a) 5,48 m b) 1,96 m c) 2,78 m d) 1,84 m

1245 a) The length of the real plane is 180 m.
b) The length of the model is 21.25 cm.

K 1246 a) In der Zeichnung: 14 cm lang, 6 cm breit.
b) In der Zeichnung: 3 cm lang, 6 cm hoch

K 1247 Maße in der Zeichnung:
a) 5,3 cm lang, 2,7 cm breit
b) 6,5 cm lang, 4,2 cm breit, 3,0 cm hoch
c) 13,4 cm lang, 7,6 cm breit, 0,8 cm breiter Weg

K 1248 Maße in der Zeichnung:
1) Seitenlänge 10 cm
2) Seitenlänge 1 cm
3) Seitenlängen 10 cm bzw. 5,8 cm

K 1249 a) 22 cm ≙ 2,2 cm; 28 cm ≙ 2,8 cm; 15 cm ≙ 1,5 cm; 35 cm ≙ 3,5 cm;
20 cm ≙ 2 cm; 10 cm ≙ 1 cm
b) 50 cm ≙ 5 cm; 10 cm ≙ 1 cm; 30 cm ≙ 3 cm; 25 cm ≙ 2,5 cm

K 1250 Die Abmessungen der Einrichtungsgegenstände im Plan:
Kasten: 4,8 cm × 1,2 cm; Sitzbank: 4 cm × 2 cm; Armsessel: 1,2 cm × 1,2 cm;
Bücherkasten: 4,4 cm × 8 mm; Tisch: 2,4 cm × 1,2 cm; Stehlampe: d = 1 cm

K 1251 Konstruiere ein Rechteck mit folgenden Abmessungen:
a) Länge: 7 cm; Breite: 4,4 cm; Diagonale: 8,3 cm ≙ 415 m
b) Länge: 8,1 cm; Breite: 3,7 cm; Diagonale: 8,9 cm ≙ 445 m
c) Länge: 7,6 cm; Breite: 5 cm; Diagonale: 9,1 cm ≙ 455 m

K 1252 a) 1) 9,0 m ≙ 9,0 cm; 3,0 m ≙ 3,0 cm; 5,0 m ≙ 5,0 cm
2) $\alpha = 29^\circ$, $\beta = 59^\circ$
b) 1) 1 000 m ≙ 5 cm; 180 m ≙ 0,9 cm
2) $\varepsilon = 10^\circ$

K 1253 a) 36 m ≙ 36 mm; 45 m ≙ 45 mm; 106 m ≙ 106 mm; 43 m ≙ 43 mm
1) u = 374 m; A = 6 318 m^2
2) $\overline{LK}$ = 62 mm ≙ 62 m
b) 8 m ≙ 4 cm; 9 m ≙ 4,5 cm; 11 m ≙ 5,5 cm
1) u = 106 m; A = 430 m^2
2) $\overline{MN}$ = 6,0 cm ≙ 12 m
$\overline{NO}$ = 7,1 cm ≙ 14,2 m
c) 20 m ≙ 4 cm; 35 m ≙ 7 cm; 45 m ≙ 9 cm; 65 m ≙ 13 cm
1) u = 290 m; A = 2 500 m^2
2) $\overline{PQ}$ = 5,6 cm ≙ 28 m
$\overline{RS}$ = 9,8 cm ≙ 49 m

K 1254

Längen in der Wirklichkeit	Längen im Plan		
	a)	b)	c)
7 m	35 mm	14 mm	28 mm
8 m	40 mm	16 mm	32 mm
10 m	50 mm	20 mm	40 mm
13 m	65 mm	26 mm	52 mm
16 m	80 mm	32 mm	64 mm
18 m	90 mm	36 mm	72 mm

$\overline{AC}$ = 17,5 m
$\overline{DH}$ = 7,8 m
$\overline{EH}$ = 10 m

1255 1) Hinweis: Die meisten Klassenzimmer sind rechteckig.
2) zB: Länge: 12 m; Breite: 8 m
3) zB: 1 : 50; 12 m ≙ 24 cm, 8 m ≙ 16 cm
4) Hinweis: Verwendet Buntpapier.
5) zB: 1 Klassenzimmer: 96 $m^2 \approx$ 1 a

1256 bis **1262** Siehe Buch Seite 283!

1263 a)

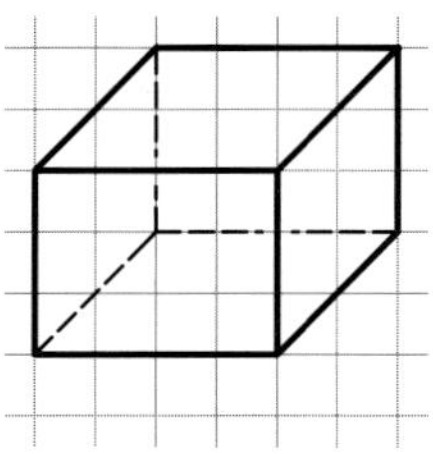

b)

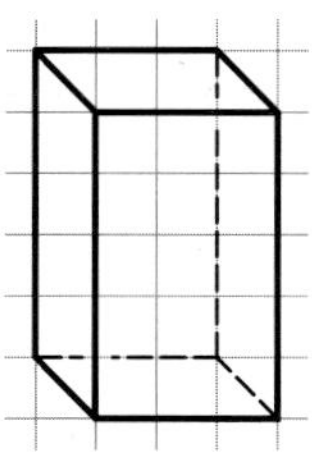

c)

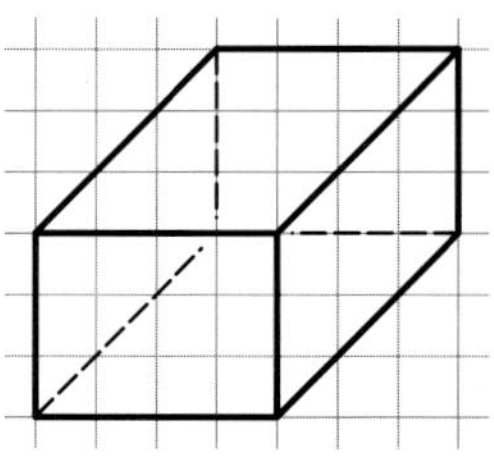

d)

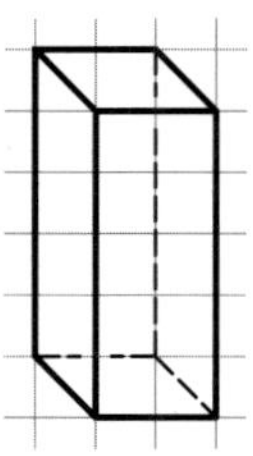

K 1264 Vergleiche mit der Lösung zu Aufgabe 1263!
Länge der verzerrt erscheinenden Kante zB:
a) b ≙ 2 cm c) b ≙ 3,5 cm e) a ≙ 23 mm
b) b ≙ 2 cm d) a ≙ 3 cm f) a ≙ 2,8 cm

K 1265 Vergleiche mit der Lösung zu Aufgabe 1263!

K 1266 Vergleiche mit der Lösung zu Aufgabe 1263!

K 1267 Vergleiche mit dem Konstruktionsgang, Buch Seite 249!
Länge der verzerrt erscheinenden Kante zB:

a) b ≙ 2,7 cm **c)** b ≙ 3,5 cm **e)** a ≙ 24 mm
b) b ≙ 26 mm **d)** a ≙ 3 cm **f)** a ≙ 2,7 cm

1268 **a)**

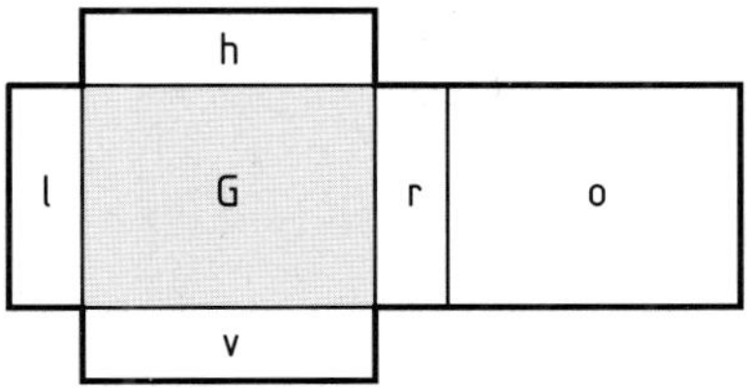

b)

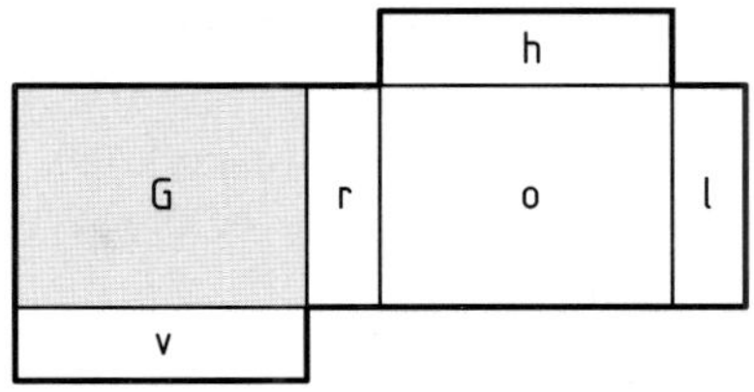

1269 Figur B und D stellen ein Würfelnetz dar. Du benötigst 3 verschiedene Farben!

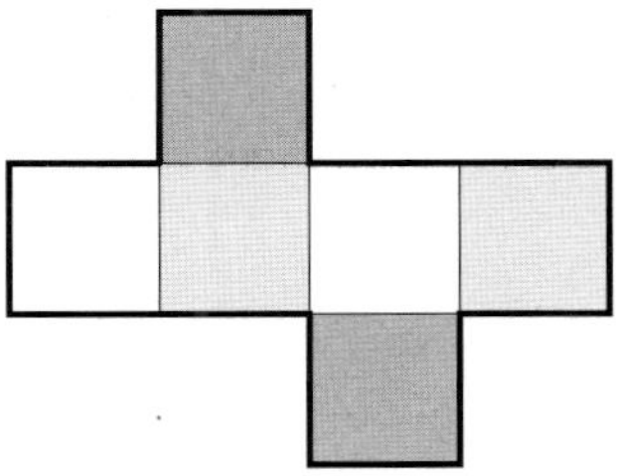

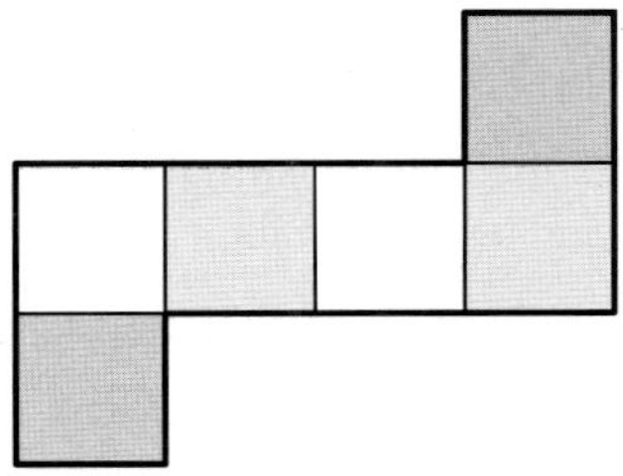

1270 zB:

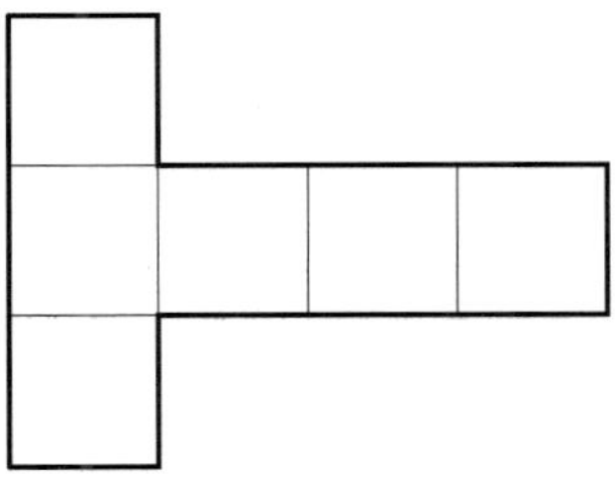

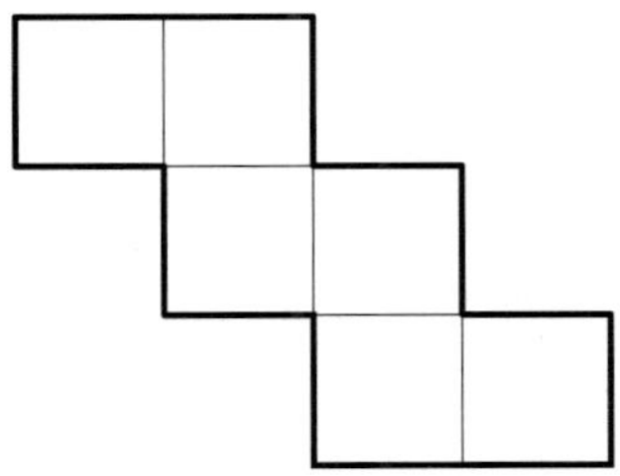

K 1271 Vergleicht mit Aufgabe 1269 und 1270!

K 1272 Vergleiche mit Aufgabe 1269!

K 1273 Vergleiche mit Aufgabe 1268!

K 1274 **a)**

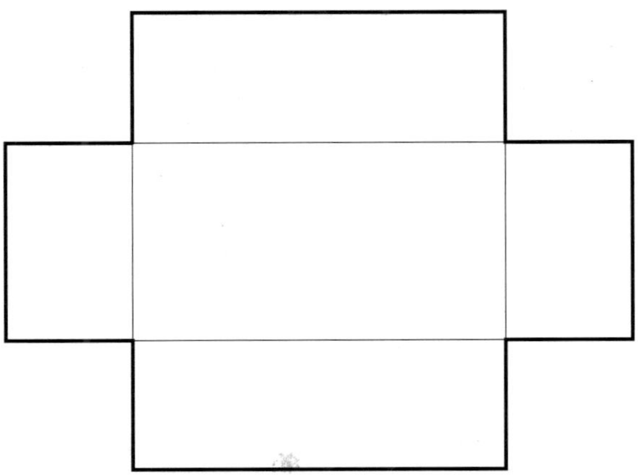

b) Vergleiche mit a)!

K 1275 a) Vergleiche mit Aufgabe 1269!
b) Vergleiche mit Aufgabe 1268!

1276 a) 6 Würfel b) 12 Würfel c) 8 Würfel d) 1 Würfel

K 1277 Vergleiche mit Aufgabe 1268!
a) $O = 57{,}52\ cm^2$ b) $O = 87{,}82\ cm^2$ c) $O = 78{,}08\ cm^2$ d) $O \approx 107\ cm^2$ (107,32)

K 1278 Vergleiche mit Aufgabe 1269!
a) $O = 96\ cm^2$ b) $O = 82{,}14\ cm^2$ c) $O = 50{,}46\ cm^2$ d) $O \approx 162\ cm^2$ (162,24)

K 1279 Vergleiche mit Aufgabe 1268!
a) 1) $O = 92{,}5\ dm^2$ 2) 55 cm $\triangleq$ 5,5 cm, 35 cm $\triangleq$ 3,5 cm, 30 cm $\triangleq$ 3 cm
b) 1) $O = 134{,}48\ m^2$ 2) 12,20 m $\triangleq$ 6,1 cm, 2,40 m $\triangleq$ 1,2 cm, 2,60 m $\triangleq$ 1,3 cm

K 1280 Compare with your book, page number 251!
a) $O = 106\ cm^2$ (105.84) b) $O = 81\ cm^2$ (80,86)

K 1281 1) Vergleiche mit Aufgabe 1274 a)!
2) Man benötigt mindestens $2{,}05\ m^2$ (2,048) Blech.

K 1282 1) Vergleiche mit Aufgabe 1274 a)!
2) Man benötigt mindestens $0{,}62\ m^2$ (0,6144) Papier.

1283 Der Abfall beträgt ungefähr $30\ dm^2$ (30,44).

1284 a) a = 84 cm, b = 64 cm, $O = 77{,}44\ dm^2$
b) a = 70 cm, b = 50 cm, $O = 71\ dm^2$
c) a = 60 cm, b = 40 cm, $O = 64\ dm^2$

1285 1) $O = 96\ cm^2$ 2) Die Summe der Oberflächen ist doppelt so groß ($192\ cm^2$).

1286 a) 3 Quader b) 3 Quader c) 6 Quader

1287 Es sind $178{,}1\ m^2$ auszumalen.

1288 Es sind rund $63{,}4\ m^2$ (63,402) auszumalen.

1289 Man braucht mindestens 1 707 Fliesen (1 706,6 …).

1290 Man benötigt rund 11 Dosen (10,72). $O = 80{,}4\ m^2$.

1291
a) $9\ m^3\ 642\ dm^3$
b) $2\ dm^3\ 2\ cm^3$
c) $5\ cm^3\ 600\ mm^3$
d) $430\ cm^3\ 900\ mm^3$
e) $27\ m^3\ 640\ dm^3$
f) $765\ dm^3\ 800\ cm^3$
g) $706\ dm^3\ 500\ cm^3$
h) $47\ dm^3\ 380\ cm^3$
i) $5\ cm^3\ 9\ mm^3$
j) $469\ cm^3\ 400\ mm^3$

1292
a) $5000\ dm^3$
b) $4310\ dm^3$
c) $31000\ cm^3$
d) $16500\ cm^3$
e) $50800\ mm^3$
f) $712\ mm^3$
g) $7400\ dm^3$
h) $30\ dm^3$
i) $64\ cm^3$
j) $2010\ mm^3$

1293
a) $0{,}412\ m^3$
b) $0{,}9614\ m^3$
c) $65\ dm^3$
d) $0{,}07823\ dm^3$
e) $0{,}6\ cm^3$
f) $0{,}046\ cm^3$
g) $0{,}0502\ m^3$
h) $0{,}0052\ m^3$
i) $0{,}00052\ m^3$
j) $0{,}006034\ dm^3$

1294 1) Wahr. Begründung: $1\ dm \times 1\ dm \times 1\ dm = 1\ dm^3$
$1000 \times 1\ dm^3 = 1\ m^3$
2) Wahr. Begründung: Vergleiche Begründung zu 1)!

1295 488 1-dm^3-Würfel bilden die Oberfläche des 1-m^3-Würfels.

1296 Oberfläche des 1-m^3-Würfels: $6\ m^2$
1) Die Gesamtoberfläche ist $60\ m^2$, also 10-mal so groß.
2) Die Gesamtoberfläche ist $600\ m^2$, also 100-mal so groß.

1297 a) 1) $V = 11\ cm^3$ 2) $O = 38\ cm^2$ c) 1) $V = 14\ cm^3$ 2) $O = 44\ cm^2$
b) 1) $V = 18\ cm^3$ 2) $O = 48\ cm^2$ d) 1) $V = 14\ cm^3$ 2) $O = 50\ cm^2$

1298 a) 2 verschiedene b) 4 verschiedene c) 4 verschiedene

1299 Bei Sicht der Grundflächen: 7 Würfel.
Bei Sicht der Deckflächen: 6 Würfel.

1300 a) $V = x \cdot y \cdot z$ b) $V = b \cdot h \cdot t$ c) $V = l \cdot b \cdot d$

1301 $V = a \cdot a \cdot h$

1302 a) $V = 6000\ m^3$ c) $V \approx 79{,}6\ cm^3$ (79,58) e) $V \approx 0{,}649\ m^3$ (0,6494)
b) $V \approx 4200\ dm^3$ (4199) d) $V \approx 24{,}5\ m^3$ (24,48)

1303 a) $V = 882\ cm^3$, $O = 882\ cm^2$ c) $V = 432\ cm^3$, $O = 432\ cm^2$
b) $V = 400\ cm^3$, $O = 400\ cm^2$ d) $V = 216\ cm^3$, $O = 216\ cm^2$
Die Zahlenwerte von Rauminhalt und Oberfläche sind gleich.

1304

	Quader 1	Quader 2	Quader 3	Quader 4	Quader 5
Rauminhalt	$104\ cm^3$	$140\ cm^3$	$144\ cm^3$	$180\ cm^3$	$216\ cm^3$
Oberfläche	$216\ cm^2$	$216\ cm^2$	$216\ cm^2$	$216\ cm^2$	$216\ cm^2$

Alle 5 Quader haben gleiche Oberfläche, der Würfel (Quader 5) hat den größten Rauminhalt.

1305

	Quader 1	Quader 2	Quader 3	Quader 4	Quader 5
Rauminhalt	$64\ cm^3$	$64\ cm^3$	$64\ cm^3$	$64\ cm^3$	$64\ cm^3$
Oberfläche	$196\ cm^2$	$168\ cm^2$	$136\ cm^2$	$160\ cm^2$	$96\ cm^2$

Alle 5 Quader haben gleichen Rauminhalt, der Würfel (Quader 5) hat die kleinste Oberfläche.

1306 Quader I: $V = 24\ cm^3$
Quader II: a) $V = 48\ cm^3$ … ist doppelt so groß wie das Volumen des Quaders I.
b) $V = 72\ cm^3$ … ist dreimal so groß wie das Volumen des Quaders I.
c) $V = 120\ cm^3$ … ist fünfmal so groß wie das Volumen des Quaders I.

1307 Quader I: $V = 24\ cm^3$
Quader II: $V = 192\ cm^3$ … ist das $(2 \cdot 2 \cdot 2)$fache =
= das Achtfache des Volumens des Quaders I.

1308 Einen achtmal so großen Rauminhalt!
Begründung: ursprünglicher Würfel: $V_I = 4\text{ cm} \cdot 4\text{ cm} \cdot 4\text{ cm} = 64\text{ cm}^3$
neuer Würfel: $V_{II} = (2 \cdot 4\text{ cm}) \cdot (2 \cdot 4\text{ cm}) \cdot (2 \cdot 4\text{ cm}) =$
$= (2 \cdot 2 \cdot 2) \cdot (4\text{ cm} \cdot 4\text{ cm} \cdot 4\text{ cm}) =$
$= 8 \cdot (4\text{ cm} \cdot 4\text{ cm} \cdot 4\text{ cm}) = 512\text{ cm}^3 = 8 \cdot V_I$

1309 Einen 27-mal so großen Rauminhalt!
Begründung: Vergleiche mit der Lösung zu Aufgabe 1308!

1310 Es stehen 45 000 cm³ pro Vogel zur Verfügung.

1311 Der Rauminhalt der Fensterscheibe beträgt rund 2,16 dm³ (2,157 6).

1312 Das Volumen der Marmorplatte beträgt 17,4 dm³.

1313 a) V = 8,4 dm³ b) V = 22,4 dm³

1314 a) V = 195 m³ b) V = 56 m³ c) V = 324 m³

1315 a) V = 2 944 cm³ b) V = 4 088 cm³ c) V = 5 120 cm³

1316 a) 1) V = 11.4 m³ (11.375) 2) O = 33.1 m²
b) 1) V = 0.78 m³ (0.779 76) 2) O = 5.26 m² (5.259 2)
c) 1) V = 0.29 m³ (0.287 496) 2) O = 2.6 m² (2.613 6)

1317 1) Der Rauminhalt des Zimmers wird um rund 6,45 m³ (6,448) kleiner.
2) Das Ausmalen kostet rund 445 € (444,6).
3) Es sind mindestens 672 Brettchen (671,6 …) erforderlich.

1318 a) 1) $V \approx 209\text{ m}^3$ (209,38) 2) Die Luft wiegt rund 272 kg (272,194).
b) 1) $V \approx 370\text{ m}^3$ (370,148) 2) Die Luft wiegt rund 481 kg (481,192 4).

1319 Das Wasser im Aquarium wiegt 480 kg.

1320 Der Korkwürfel wiegt 810 kg.

1321 Der Goldbarren wiegt 13,9 kg (13,896).

1322 1) Es müssen rund 133 m³ (132,84) ausgehoben werden.
2) Der Aushub wiegt 332,1 t.
3) Der Lastwagen muss 28-mal (27,675) fahren.

1323 1) Die Kalkgrube enthält rund 8,79 m³ (8,788) Kalk.
2) Das sind rund 10,4 t (10,369 84) Kalk.

1324 1) Es sind rund 2 700 m³ Beton erforderlich.
2) Es sind rund 810 t Zement nötig.

1325 1) 64 dm³ 2) 72 dm³ 3) 48 dm³ 4) 16 dm³ 5) 0 dm³
Für h = 20 cm erhält man das größte Volumen.

1326 1) h = V : G
2) a) h = 16 cm b) h = 12 m c) h = 26 mm d) h = 180 m

1327 1) $h = V : (a \cdot a)$
2) a) h = 6 m b) h = 25 cm c) h = 15 dm d) h = 2,5 m

1328 zB: a = 20 m, b = 5 m, c = 1 m;
a = 25 m, b = 2 m, c = 2 m;
a = 50 m, b = 2 m, c = 1 m;
a = 10 m, b = 10 m, c = 1 m;
a = 5 m, b = 5 m, c = 4 m

1329 a) 3,5 l c) 0,058 l e) 0,75 l
b) 0,73 l d) 0,007 l f) 0,408 l

1330 a) 6,7 l c) 0,049 l e) 2,005 l
b) 0,837 l d) 0,002 l f) 7,02 l

1331 a) 5,68 hl c) 0,07 hl e) 1,682 hl
b) 0,93 hl d) 6,15 hl f) 0,705 hl

1332 Das Aquarium fasst 91,2 Liter Wasser.

1333 Der Speicher fasst 1 400 hl.

1334 zB:

Gefäß	Länge	Breite	Höhe
Quader 1	20 dm	5 dm	1 dm
Quader 2	10 dm	5 dm	2 dm
Quader 3	1,25 m	5 dm	$1\frac{3}{5}$ dm

1335 1) Im Becken sind rund 3 470 hl (3 468) Wasser.
2) Das Füllen dauert 17 h 47 min (1 067,0… min).

1336 1) In der Schleusenkammer sind
a) 594 000 hl Wasser enthalten.
b) rund 977 000 hl (976 800) Wasser enthalten.
2) a) 59 400 t
b) 97 700 t

1337 Das Wasser steht 1,2 m hoch.

1338 1) Das Aquarium enthält ungefähr 132 l Wasser (132,3).
2) Das Wasser steht jetzt rund 31 cm (30,9…) hoch.

1339 1) Es sind 229,5 m^3 Wasser eingeflossen.
2) Das Wasser steht 2 m hoch.

1340 1) Das Wasser steht 18 cm hoch.
2) Auf die Fläche des Neusiedler Sees sind 496 800 000 hl Wasser gefallen.

1341 a) There are 288 litres of water inside this aquarium.
b) The height of the water is 25 cm.

1342 1) 1 000 hl of water are necessary to fill the pool.
2) There are 100 tons of water in the pool.

1343 1) a) 16 cm^3 b) 36 cm^3
2) a) 22 cm^3; V = 6 cm^3 b) 52 cm^3, V = 16 cm^3
3) Beide irren, da 1 cm^3 genau 1 ml entspricht, bzw. 1 dl genau 100 cm^3 entsprechen.

1344 bis **1353** Siehe Buch Seite 283!

1354 bis **1362** Siehe Buch Seite 284!

1363 bis **1372** Siehe Buch Seite 284!

1373 bis **1385** Siehe Buch Seite 284, 285!

1386 bis **1400** Siehe Buch Seite 285!